马斯洛
心理学
经典译丛

马斯洛心理学经典译丛

THE PSYCHOLOGY OF SCIENCE

科学心理学

[美国] 亚伯拉罕·H. 马斯洛 著

赵巍 译

世界图书出版公司

西安·北京·广州·上海

目录

前　言　1

第一章　机械主义科学和人本主义科学　1

第二章　科学家的任务——认识人　7

第三章　恐惧和勇气条件下的认知需求　19

第四章　安全科学和成长科学：作为防御手段的科学　31

第五章　预测人还是控制人　37

第六章　经验知识与旁观者知识　41

第七章　抽象和理论化　55

第八章　综合科学和简化科学　60

第九章　具体意义与抽象意义　71

第十章　道家科学和控制科学　80

第十一章　人际（我—你）知识是一种科学范式　86

第十二章　价值无涉的科学　101

第十三章　知识的阶段、层次和程度　109

第十四章　科学的去神圣化与再神圣化　118

参考文献　130

致　谢　137

前　言

本书所要论述的要点是，科学是科学家人性的产物。而这里所说的科学家，既包括那些谨小慎微、因循守旧的科学家，也包括那些锐意创新、开拓进取的革命家。在某种程度上，这种人性化科学与心理健康的科学家提出的科学一致。《动机与人格》一书前三章详细论述了科学和科学家的心理规律，因此本书可以被视作《动机与人格》（尤其是前三章）的续篇。

从这一研究路径中我们可以得出一个基本论点：当我们试图理解整体与个体以及文化之间的关系时，从事物、物体、动物和部分—过程等纯客观科学沿袭而来的一般性科学模型就显得力不从心、过于局限了。这主要是因为我们所熟知的科学（包括目标、方法、公理价值、概念、语言、社会习俗、偏见、选择性忽略、隐含假设），如世界观和亚文化，都是由物理学家和天文学家一手创造的。这一点已经有不少人指出过，现在也已经是老生常谈了，但直到最近，在研究人的个体性、独特性以及整体性时，人们才证明这种客观化模型在哪些方面，又是以何种方式一败涂地的，而能够有效研究完整人性的替代理论模型尚未问世。

本书正致力于此。我希望能证明，经典科学的这些局限并非其本质使然。从广义上来说，科学是强大的、包罗万象的，它甚至能重新涵盖那些因自身潜在的致命缺陷而不得不放弃的认知问题——它无法客观研究的个人、价值、个性、意识、美、超越、道德等问题。但至少在原则上,科学仍有能力创建一种规范心理学,涉及心理治疗、个体发展、优心态或乌托邦社会心理、宗教、工作、游戏、休闲、美学、经济学、政治以及其他各个方面。

我认为,科学性质的这种变化实现了心理分析思潮的颠覆性潜能,尽管有些滞后。具有讽刺意味的是,造成这种滞后的原因是,19世纪决定论、因果论、原子论以及还原论等主要理论模式弥漫了科学界,而心理学的代表人物弗洛伊德正是在这种科学氛围中成长起来的。他一生都在下意识地摆脱这种科学模式,试图开辟新的科学领地,打破连同所有的纯理论在内的既定科学模式,但据我分析,弗洛伊德骨子里依然是这种科学世界观的忠实追随者。遗憾的是,对心理动力学贡献至巨的阿德勒、荣格、赖希、兰克、霍尼、弗洛姆等,都不是科学家,因此也都没有直接着手解决这一问题。目前我想到的唯一一个严肃探讨这一议题的心理分析学家是劳伦斯·库比(Lawrence Kubie)。我非常希望其他心理分析学家和心理动力学家能根据自己的数据继续批判科学。记得在某次会议上,我勃然大怒:"你们为什么一直追问心理分析有没有科学性?你们怎么不问科学是不是具有心理动力学特征呢?"在此我也提出同样的问题。

这种将科学重新人性化(并超越人性)的过程也能进一步强化非人化科学。在生物学的各个领域内,尤其实验胚胎学,这一过程时有发生。由于事实自身的内在动力,这门学科必须是整体性的。大家可以从路德维希·冯·贝塔朗菲(Ludwig von Bertalanffy)的大作中找到例证。身心医学的交叉领域也对传统科学进行了深刻的批判。内分泌学也不例外。我相信,所有的生物学最终都将挣脱纯粹的物理化学还原论的桎梏，或者至少会以一种包容的，即层级整合的方式超越它。

当我开始追问人性所能达到的更高层次这些新问题时，我对传统科学更加深感不安。因为在这些问题上，我所接受的传统科学训练令我大失所望。也就是在这个时候,我不得不创造新的方法、新的概念和术语去合理地处理我的研究数据。在此之前，科学对于我来说就只此一种，但现在看来，似乎有两种科学：一种解决我的新问题，另一种处理其他问题。近年来，大概十年或十五年以前，这两种科学似乎又可以被整合为同一科学。不过，这种新整合的科学与之前的传统科学截然不同，因为它比传统科学更为包容、更加强大。

越来越多狭隘的科学家否认人在科学中的价值，这一立场造成的危害以及由此引发的科学技术化和非道德化的后果使我深感不安。传统科学的批判者也同样贻害不浅，他们认为传统科学怀疑一切、过于客观并且脱离人性，是对人的价值的否定，因而应该全盘否定。他们反对科学，甚至反对理智。对于一些心理治疗师、临床心理学家、艺术家、虔诚的宗教信仰人士以及对禅宗、道教、存在主义、"经验主义"等感兴趣的人而言，这种矫枉过正意味着一种真正的威胁。对科学的这种另类态度通常是出于纯粹的异想天开和执迷不悟，对个人体验盲目自私的吹捧。他们过度依赖冲动（将冲动与自发性混为一谈），心血来潮且喜怒不定，一味地极度地狂热，最后钻入牛角尖。这才是真正的危险所在。政治上的反科学跟价值无涉、脱离道德或技术化的传统科学一样，也会抹杀科学中人类的价值。

我们要牢记纳粹和法西斯对屠杀和纯粹本能的大力吹捧，还有他们对自由理智和冷静理性的仇恨。

当然，我希望人们能理解，我只是力求拓展科学而不是摧毁科学。切身体验和抽象概括并不一定要二中择一。我们的任务是将二者整合起来。本书的论述风格采用演讲形式。演讲过程中，演说者可以表现个性，以现身说法的方式来直陈观点、质疑和推测。而我充分运用了这些可能的论述形式。因此，我并未详细引述相关的科学文献。我写这本书也不求"涵盖整个学科"，更不会用全面系统的论述方式以彰显学术性。

我一直想写出一本全面系统的专著，奈何余力不足，本书算是一个精要提炼。之所以如此，部分原因是因为演讲式论述受制于有限的篇幅和时间。还有一个原因，就在我刚刚拟好详细提纲准备动笔的时候，迈克尔·波拉尼（Michael Polanyi）的那本巨著《个人知识》问世了。这本书博大精深，是当代人的必读之物。它已经涵盖了我打算探讨谈论的很多问题，并解决了很多我关心的议题。因此我调整了计划，集中探讨那些明确属于心理学的问题，而我本打算探讨的几个议题在此一并省略或仅做简要概述。

第一章　机械主义科学和人本主义科学

　　此书不是在传统科学范畴之内探讨问题，相反，它是对传统科学的批判，包括批判其理论依据、未经证实的信条以及某些想当然的定义、公理和概念。本书将科学视为诸多哲学中的知识哲学加以考察。它拒斥那种未经证实的传统理念，即认为传统科学是获取知识的途径，甚至是唯一可行的途径。在我看来，这种传统观点不论是从哲学、历史学还是从心理学、社会学角度来看都是幼稚的。作为一种哲学教条，传统科学带有民族中心主义色彩，它是西方的而不是普世的。科学是某一时间和地点的产物，它并非经久不衰、亘古不变的真理，但传统科学对此却浑然不觉。传统科学不仅与时间、地点和地域文化有关，它的产生也与人格学相关，因此我认为，它只是极其狭隘地反映了基于安全需求的、谨慎偏执的世界观，而不是反映了一种更加成熟、全面且人性化的人生观。这些缺陷在心理学领域显得极为严重，因为心理学的目标就是认识人及其行为和工作。

　　尽管许多科学家都规避了这些误区，并且大量著述以证实他们提出的一种更加宽泛的科学观——科学不仅是指那些通过严谨方法获得的知识，而是所有知识的代名词——但这些著作并没有得到广泛传播。正如库恩（30）[①]所言，"常规科学"不是那些伟大的科学巨人——科学范式的创建者、发明家及革命家——所创立的，恰恰相反，它是由大多数的"普通科学家"所建立的，他们就像不起眼的海洋生物，共同堆起了一座珊瑚礁。因此，科学主要意味着耐心、谨慎、细致、循序渐进以及避免错误的艺术，而不是勇往直前、大胆创新、孤注一掷和全力以赴。或者换句话说，在我看来，机械化、非人性化的传统科学观就是更宏观、更宽泛的机械化以及非人性化世界观的局部体现或局部表达。[②]

但在 21 世纪，尤其是近一二十年里，一种对立的哲学思潮发展迅猛，与此同时，对机械化、非人性化的人性观以及世界观的反拨方兴未艾。这一思潮可以称为对人类能力、需求以及愿景的重新发现。这些建立在人性基础上的价值观正逐步被纳入政治、工业、宗教以及心理学和社会科学领域。我不妨这样表述：虽然将行星、岩石和动物非人性化是有必要的，也不无裨益，但我们也逐渐意识到，没有必要一味地将人类非人性化，并否认人类的目的性。

然而马特森指出，在非人性化和客观科学领域内正在发生某种程度的重新人性化现象。这一变化正是更为宽泛、更加包容的"人本主义"世界观的一部分。而且目前这两大哲学趋向——机械

---

① 本书中，括号内的第一个数字是指参考文献中所列出的文献序号；在某些括注中，文献之后还列出了具体页码。例如：（18，41，45）表示第 18 本参考文献中的第 41 和 45 页。

② 有关这一发展过程的精彩阐述可详见弗洛伊德·马特森（Floyd Matson）所著的《破碎的形象》的前三章。

主义和人本主义,就像人类社会的两党制一样普遍存在。①

我致力于使科学与知识(但最主要是心理学知识)重新人性化。我认为,我的努力正是这一宏观社会文化运动的一部分。这无疑是符合时代精神的,正如贝塔朗菲1949年所说(7,202):

> 科学的演变并不是在知识真空中的运动,而是历史进程的表现和动力。我们已经看到,机械论观点是如何投射到文化活动的各个领域。它的一些基本观点,如严格的因果关系、自然事件的累加性和偶发性、现实世界终极元素的孤立性,这些观点不仅支配着物理学理论,还支配着生物学的分析观、累加观和机械理论观,古典心理学的原子论以及社会学的"个人与集体的对立"(helium omnium contra omnes)。认为生物只是机器,技术统治现代世界以及人类走向机械化,这些观点不过是物理学机械论的延伸和实际应用。而科学的近期演变标志着知识结构的整体变化,它足以和人类思想史上的伟大革命相媲美。

或者,我也可以引用自己(1943)的一段话(38,23):

> ……搜集(心理学中的)基本数据这一过程本身就反映了一整套世界观,一种科学哲学观,即假定世界是原

---

① 我不是说"重新人性化"作为一种世界观一定是最后的定论。在"重新人性化"这一观点确立以前,超越这一观点的世界观雏形早已开始显现。接下来我将探讨无私的、超越个人的价值观和现实世界,即更高层次的人性、自我实现、真实性和同一性。在这些价值观中,人是世界的一部分而不是世界的中心。

子论的，任何复杂事物都是由简单元素构成的。这样一来，这类科学家的首要任务就是将所谓的复杂事物还原为所谓的简单事物。至少在一段时间内，这项任务在任何其他科学领域内都无往而不利，但在心理学领域却效果不彰。

这一结论揭示了整个还原过程的基本理论性质。我们必须明白，这种将事物逐步还原的尝试并不代表科学的本质属性。现在我们有理由怀疑，这只是反映或影射了原子论和机械论世界观。因此，抨击还原过程并不代表一概抨击科学，而只是反对人们面对科学的一种可能的态度。

在这篇论文中，我还写道（p.60）：

这种人为的抽象习惯或使用简化因素的习惯因行之有效而变得根深蒂固，以至于如果有人质疑这些习惯在经验上和现象上的有效性，对此习以为常的人往往会感到诧异。他们一步步地让自己坚信，这个世界就是这样构成的，同时他们发现自己很容易忽略这一事实，即这种人为的抽象尽管十分有用，但仍是人为的、约定俗成的、假设性的——简言之，这个世界本是相互联系且运动不止的，而这种人为抽象是一种强加于这一世界之上的人造体系。当这些关于世界的独特假设能带来公认的便利之时，才有权利公然违背常识。当它们无法提供便利，甚至成为阻碍的时候，就必须加以摒弃。一味站在前人的肩膀上观察世界，却不去探求真相，是十分危险的。说得更直白些，从某种意义上来说，原子论数学或逻辑学是一种关于世界的理论，运用这一理论对世界做出的任何描述，心理学家都可以以与自身的目的不符为由而加以拒绝。很显然，方法论者有必要着手建立一套逻辑和数学体系，以便更好地与现代科学观念中的世界保持协调一致。

据我所知，传统科学的缺陷在心理学和民族学这两个领域表现得最为明显。实际上，当人们想了解的是人和社会时，机械论科学就失灵了。无论如何，本书主要致力于心理学的研究，力图扩充科学概念，使科学能更好地研究人，尤其是全面发展、人性丰满的人。

我无意引发科学的分裂，用所谓"正确"的观点去抨击"错误"的观点，也无意排除什么。本书提出的普遍科学和普遍心理学的概念也包含机械主义科学。我认为机械主义（心理学上称为行为主义）并非不正确，只是这种观点过于局限和狭隘，不能用来解释全面的、总体的哲学。①

---

① 牛顿提出的大国发展规律在政治史中的地位，若加以必要的修改（mutatis mutandis），可以与他提出的运动定律相提并论（这一规律普遍适用且简单明了），虽然他也承认，但以理这样的先知早在他之前，就已用象形文字描述过"四大王国"的发展历史了。他从未撰写过人类史——在他的叙述中，人似乎不能作为个体来考虑，而只是政治史中的一个政治体，正如他写物理史一样。这些存在体并不是突然形成的；正如星体也有一个"起源"，有自己的形成史，在宇宙间的发展也有年代可循，并且它们也有"终结"。我们不妨将牛顿的编年史称为帝国统一的数学原则，因为这些编年著作主要探讨时间序列中的地理空间量。他在书中提到的历史人物通常是王公贵戚，他们没有独特的人性特征，只是帝国疆域逐渐拓展的标志。牛顿的历史主题都是关于有组织的政治地界之间的相互作用；关键性事件要么是孤立的小政治体之间的合并，要么就是统一的王国被数量上占优势的政治力量灭掉。不仅如此，牛顿提出的有关国家统一的原则在世界范围内都是适用的，包括中国和埃及。对于著作中时不时出现的人物，

（接上页）牛顿几乎下意识地将他们的行为归结为简单的动机。他笔下的国王就像机器一样夺取权力、扩大统治范围。即使他偶尔认真审视这些人物时，他们也都依照 17 世纪权力制衡的原则在行事，无一例外。如果一个帝国处于分崩离析的状态，那么敌国就会利用这一弱点结成同盟。王室的征服野心是建立在"建功立业"以及当代心理学所描述的这一类基本心理之上的。所有的统治者，不管是古代的还是现代的，其本质都是一样的。他们只不过名号不同，出场的舞台不同而已。这些统治者跟阿波罗多罗斯（Apollodorus）所著的《文库》（*Library*）中的人物一样，不管是从心理学还是历史学的角度来看，他们都缺乏个性。牛顿跟约翰·雷（John Ray）不同，没有在多姿多彩的有机世界中发现上帝存在的证据；他只是运用物理天文法则在宇宙中寻求上帝的印象。他关注的不是人的激情，而是物理天文的宇宙法则。激发他想象的不是人眼中部分因素的奇妙结合，而是光学原理。使他动容的不是人的激情，而是君主政体的物理发展规律以及王国的编年史。人性于他而言是全然陌生的——至少他是这样表达自己对人类的看法的。他所叙述的历史从不涉及任何感觉和情绪。在他看来，国家充其量是傀儡，就像天文星体一样是中性的，它们侵略别国，也被别国征服；它们逐渐兴起，王国统一——直到罗马帝国一统天下，仅此而已。

弗兰克·曼纽尔，《历史学家艾萨克·牛顿》，哈佛大学出版社，1963年，137—138。

第二章　科学家的任务——认识人

世界观的这种变化要求人们如何改变对科学的态度呢？这些改变从何而来？它们为何能引起我们的关注？为什么机械化、非人性化的科学模式逐渐让位于以人为中心的科学范式？

我个人也经历了科学世界观的这一冲突，最早表现为我同时面对着两种互不相关的心理学。在我埋头实验室的实验主义生涯中，我对正统科学的传统不仅欣然接受、适应良好，而且能将其吸收。[①]事实上，正是约翰·华生（John B.Watson）的乐观信条（见1925年《心理月刊》）引领我和其他很多人踏入了心理学领域。他的纲领性著作向我们展示了未来的光明道路。我欢欣鼓舞，认为这必然会带来进步。真正的科学心理学有可能存在，它严谨可靠，能够从一种必然不可逆转地稳步推进到另一种必然。它提供了一种有望解决所有问题的技术（条件作用），以及一种极具说服力且易于理解和应用的哲学（实证主义、客观主义），帮助我们避免重蹈覆辙。

但是，作为一名精神治疗医师、精神分析师、父亲、老师和人格研究人员——换言之，当我面对完整的人时——"科学心理学"

---

① 见第 51 本完整参考书目。

则逐渐显得毫无用处。我发现，在这个研究各色人等的领域中，"精神动力学"，尤其是弗洛伊德和阿德勒的心理学，以及那些当时看来明显不"科学"的心理学，反而能提供更加重要的养分。

当时的心理学家似乎同时遵循着这两种相互排斥的法则，或者出于不同的目的操着两种不同的语言。如果他们对研究动物或人的部分——过程感兴趣，他们就会成为"实验和科学心理学家"。但是，如果他们关注的是整体的人，那么这些法则和方法便用处不大了。

这两套法则在解决科学的新型人类和个人问题上各有成效，我认为，如果能对比两者的相对有效性，我们就能更好地理解哲学上的这些变化。我们来思考几个问题：假设我想要更好地了解人性——例如了解你，或者其他特定的人——那么最有望成功和最有效的方式是什么？传统科学的设想、方法和概念化有何用处？什么最有效，哪种方式，哪些技巧，哪种认识论，哪种交流方式，哪些测试和测量方法，知识本质的哪种前提条件？我们所说的"了解"又该作何解释？

常规认识和具体认识

首先，我们应该知道，了解某个人这一问题早就被很多科学家排除了，因为他们认为这一问题无关紧要或并不"科学"。几乎所有（客观的）科学家的研究都基于某种隐性或显性的假设，即研究不同类别或种群的事物，而不是单一事物。当然，实际上你每次是在观察一样东西：一只草履虫，一块石英，一个特定的肾脏，一名精神分裂症患者。这当中的每样东西都是某一物种或某一类别的样本，因此是可以互换的。（见第 31 本文献中关于伽利略和亚里士多德的科学研究）如果一篇文章只是详细描述了特定白鼠或特定鱼类，一般的科学期刊都不会录用。传统科学的主要任务是概括，比如抽象出所有白鼠或鱼类等的共性（畸形学主要研究例外事物和"神奇事物"，即研究怪物，并没有很大的科学价值，除非它能通过对比的方式告诉我们更多胚胎学的"正常"过程）。

任何样本都只是样本，并不是事物本身，只代表着某一事物。它无名无姓，可有可无，既无特色，也不神圣，而且也并非不可或缺，它没有自己的专有名称，作为个例自身也无可称道。它之所以引人入胜是因为它不仅仅代表自身，还代表了其他事物。我说过，正统教科书式的科学通常集中研究某类事物或者可互换的对象，我指的就是这个意思。物理和化学课本中没有对个体的研究，更不用说数学了。以此为中心，天文学家、地质学家、生物学家有时会把特殊个例当作典型和范例进行研究，例如研究特定的天体、地震、香豌豆或果蝇等，但他们仍致力于追求普遍性，因为这才是被认可的更科学的方法。对大部分科学家来说，这是科学知识进步的唯一方向。

然而，当我们进一步摆脱非人化、概括化以及追求共性的核心科学模式时，我们就会发现，有些人对那些独特、具体和个性化的事例怀有持之不懈的、全面的好奇心，这些事例往往不可互换，换言之，它们独具特色且绝无仅有。比如某些心理学家、民族学家、生物学家、历史学家，当然还有所有处于亲密个人关系中的人都是如此。（我相信，物理学家和化学家苦苦琢磨他们的妻子费的功夫，和他们研究原子的功夫不分上下）

我最初的问题是：如果我想要了解一个人，最好的方式是什么？现在我可以更精准地重新表述这一问题。常规物理科学的一般程序（请记住，这是所有科学，甚至是一切知识所普遍认可的模式）

对此有何用处？一般而言，我认为这些程序没什么用处。事实上，如果我不仅想要了解你，还想要真正理解你，那么这些程序几乎毫无用处。假如我想要了解一个人，了解其人格中对我来说最为重要的那些方面，我发现我就必须以不同的方式来完成这项任务，就必须运用不同的技巧，运用截然不同的哲学范式，涉及超然性、客观性、主观性、知识的可靠性、价值和精确性，等等。下面，我将对其中部分内容进行详细说明。

首先，我必须把某人当作独一无二的特殊个体、人类中的唯一成员进行研究。当然，多年来我积累了大量的一般科学知识、抽象知识和心理学知识，这确实有助于我将他大体归入人类的分类体系中进行研究。我知道我应该寻找什么。现在我能大致评定他的性格、体质、精神疾病、人格和智力（IQ），而且比二十五年前做得更加得心应手。然而，所有这些常规化的知识（关于法则、概括化、平均数）只有在引导我研究这个特定个体的具体知识时才能发挥作用。所有临床心理医生都知道，要想了解他人，最好先排除思维的干扰，全神贯注地观察和倾听，保持开放接纳、虚心被动的状态，耐心地慢慢等待，而不能操之过急。一开始就测量、发问、计算或检验理论、分门别类的行为对此并无帮助。如果你的大脑过于繁忙，你便无法很好地倾听和观察。弗洛伊德提出的"自由漂浮注意"便很好地解释了这种具有非干预性、全面性、接纳性、期待性的认识他人的方式。

如果要寻求关于人的知识，那么抽象知识、科学法则和概括化、统计分析和预期都各有作用，只要这些技术能被人性化、个性化、个体化，并且聚焦于特定的人际关系。识人者，能从传统"科学"知识中得益；不识人者，世界上所有的抽象知识皆于他无益。正如一些智者所言，"任何笨蛋都有可能拥有高智商"。

整体研究

在此，我不想贸然地进行高度概括，尽管我已经掌握了高度概括的方法（作为一名治疗师和人格学家）。如果我想要进一步了解你这个独立的个人，我就必须把你作为一个单元、一个个体和一个整体来研究。解剖的传统技术和还原分析在无机世界中发挥了巨大的作用，即使在类人生物世界中也同样表现不俗，但这种技术对于我们了解具体个人却是一种妨碍，甚至对于研究一般人类也存在一定缺陷。心理学家尝试了各种原子论剖析，并将知识简化为基本结构单元，而整体很可能就是由这些单元构成——基本感觉模块、刺激—反应或关联纽带、反射或条件反射、行为反应、因素分析产物、各种测试数值表。上述所有尝试在抽象、常规化心理科学中都发挥了一定作用，但没有人真的会把任何一种尝试作为有效的途径，去了解某一陌生文化中的成员或极右组织约翰·伯奇协会的成员，更不用说去了解初次约会的对象了。

我不但必须对你进行整体观察，还必须进行整体分析，而不是简化分析（倘若尚有篇幅，我还想说明一下格式塔心理学对实验心理学和实验室心理学的影响，更详尽的论述请见第 38 本文献，第 3 章）。

主观报告

迄今为止，我们了解他人的最好方式就是让他们自己通过某种方式，比如直接问答或者自由联想来自我表白，这时我们只需安心倾听。或者让他们通过隐秘交流、绘画、梦、故事和手势等我们能够理解的方式间接地向我们倾诉。当然，所有人都深谙此道，并且在日常生活中也能运用。但事实上，这会造成某些真正的科学问题。例如，当某人跟我们讲述他的政治态度时，可以说他是自我报告的唯一见证人。只要他想，他便能轻而易举地愚弄我们。在这种情况下需要的是信任、善意和诚实，而其他任何科学的研究对象都不存在这一问题。说话人和倾听者的人际关系至关重要。

天文学家、物理学家、化学家、地质学家等并不关心这些问题，至少最初并不关心。如果要他们关注研究者和研究对象的关系，可能还有很长的路要走。

包容性、非干预性

大多数年轻的心理学家将对照实验作为获得知识的标准方式。我们这些心理学家不得不缓慢而艰难地成长为一名优秀的临床或自然观察者，学会耐心等待、观察和倾听，不加干预，避免过于积极活跃、冒失唐突、进行过度的干预和控制——在尝试理解他人的过程中最重要的是学会保持沉默、拭目以待、洗耳恭听。

这有别于我们研究物理对象的标准方式，即操纵、摆弄或者分解它们，以观察会发生什么。如果你这样研究人，你不仅仅无法了解人，人们也不想并且不会让你了解他们。我们的干预行为只会妨碍我们了解他们，至少一开始是这样的。只有当我们对某人有了充分的了解之后，我们才能表现得更加积极，才能更刨根问底，提出更多要求——总之，这时我们才会更具有实验状态。

问题中心和方法中心：坚持研究更高级的问题

对我来说，只有在探索所谓"更高级的人类生活"以及进化程度更高的人类时，才会和坚持方法中心论的科学家发生冲突。只要我还在研究狗和猴子的行为，还在对学习、条件和动机行为进行实验，那么这些现成的方法论工具用起来就仍然得心应手。这些实验可以合理地设计和控制，数据也足够精确可靠。

但当我开始向研究者提出一些新问题，一些我无法顺利解决的问题，以及一些模糊不清、尚未定义和难以处理的问题时，我才会陷入真正的麻烦。我发现，很多科学家鄙弃那些他们无法解决、处理不当的问题。我记得自己在愤怒中曾引用了一句名言进行反击："凡是不值得做的，都不值得做好。"现在我想补充一句："凡是需要做的，即使做不好也值得做。"其实我想说的是，研究新问题的首次尝试大多简单粗糙、模棱两可。从这种初步尝试中我们最多只能学到下次如何做得更好。然而首次尝试是必经之路，绕不过去。我记得有个孩子，当他得知大多数火车事故都发生在最后一节车厢时，竟然建议把最后面的车厢去掉，认为这样就能减少事故了！

任何事情都得有个开端，开端是无法遏制的。甚至遏制的想法或期待都是对科学精神的背弃。开拓新的领域无疑更加令人振奋，更有价值，对社会也更有帮助。里尔克（Rilke）曾说道："你必须热爱问题本身。"对于科学来说，突击队自然比宪兵队重要得多，虽然突击队免不了摸爬滚打，伤亡更大。比尔·莫尔丁（Bill Mauldin）在战争期间的动画很好地阐释了前线冲锋陷阵的士兵和后方指挥部光鲜亮丽的军官在价值观上的冲突。必须有人率先蹚过这片雷区。（我最早称其为"蹚过思想雷区"）

当我对心理病理学的研究引领我去探索非病理学——心理健康者时，我遇到了一些前所未见的难题，例如价值观和标准问题。健康本身就是一个规定性表述。我渐渐地开始了解到，为什么之前鲜有关于该方面的研究。按照好的"正常"研究的常规标准来看，这并不是一项有价值的研究（事实上我并不称之为研究，而是称之为探索）。它极易遭到批判，并且我也批判过它。有个问题确实存在，即我自身的价值观可能会干扰我对研究对象的选择。当然，如果有一组评判者可能会更好些。如今，我们拥有了比独立评判更加客观、公正的测试，但在1935年这些测试尚未面世。当时，要么由研究者独立选择，要么就干脆放弃。我很庆幸自己选择了前者，并从中受益良多，其他人可能也是如此。

无论对于我个人，还是对于我这样的科学家来说，对相对健康者及其特征的研究揭露了很多新的问题，很多之前我习以为常的老办法和旧观念都让我极为不满。这些学者提出了很多新问题，如关于常态、健康、善意、创造力和爱、更高需求、美、好奇心、满足、英雄和人类中的神一般的人、利他主义和协同性、对年轻人的关爱、对弱者的保护、怜悯和慷慨，以及人道主义、伟大、卓越的体验和更高层次的价值观等问题。（从那之后，我一直在研究这些问题，我确信能为回答这些问题做出一些贡献。这些并非无法检验的、"不科学"的问题）

这些"更高层次"的人类心理过程跟现有心理学机器格格不入，也无法从中获取可靠的知识。事实证明，这部机器和我家厨房的"处理机"很相似，这种"处理机"只能处理某些东西，而不是所有的东西。或者打个比方。我记得曾经见过一台精密、复杂的自动洗车机，这种机器能够出色地完成洗车任务，但是也仅限于此，任何进入这台机器中的东西都会被当作一辆汽车来清洗。我想，如果你唯一拥有的工具就是一把锤子，那么你会不由自主地把所有的东西都当作钉子。

总而言之，我要么放弃问题，要么寻找新的答案。我选择了后者。很多心理学家也是如此，他们选择尽其所能地解决一些重要问题（以问题为中心），而不仅仅局限于解决那些能够借助现有技术轻松解决的问题（以方法为中心）。如果你将"科学"定义为力所能及之事，那么那些力有不逮之事便成了"非科学"，即不科学的。[①]

对认知的恐惧，对个人和社会真相的恐惧

和其他任何科学家相比，我们心理学家更需要同一个惊人的事实——拒绝真相——做斗争。我们尤其害怕了解自己，因为这种知识或许会改变我们的自尊和自我形象。正如我们所知，猫会觉得做一只猫很简单，所以并不害怕做一只猫。但是，做一个完整的人却难上加难、令人生畏且问题重重。人类崇尚知识、寻求知识——因为他们天性好奇——但他们同时也对知识充满畏惧。对个人的认识越深入，对知识的恐惧就越强烈。所以，人类的知识趋向于成为爱和恐惧的对立统一。知识包括对知识自身的防御、压抑、包装、疏忽和遗忘。因此，任何能够获得真相的方法论都必须包括精神分析学家所谓的某种"抵抗分析"，这一方法能消除对自我真相的恐惧，从而让人赤裸裸地直面自己——这是一件非常可怕的事情。

我们也不妨这样理解一般知识。达尔文的自然选择论是对人

[①] 关于该问题更加详尽的论述请见第38本文献，第2章。

类自我的一次沉重打击。哥白尼观察事物的方法也是如此。然而，对知识的恐惧确实是有差别的：知识越客观，同我们的个人问题、情感和需求就越不相关，我们对知识的抵触情绪就越少。当我们的探索越来越接近个人核心时，对这种知识的抗拒就会越来越强烈。我们可以这样表述这种"知识总量法则"：越是远离个人知识，科学知识的总量就越大，某一主题的学科史就越长，研究就越安全，科学就越成熟，等等。正因如此，我们对化学品、金属和电能的（科学）认识远胜过我们对性、偏见或剥削的了解。

我们必须经常跟社会学和心理学的研究生交流，就仿佛他们马上就要奔赴战场一般。我们必须同他们论及勇气、思想道德修养、策略和战术。心理学家或社会学家必须奋战到底，以揭示热门话题的真相。

被人了解的渴望和恐惧

人作为知识的对象，之所以有别于其他事物，就在于他不由自主地渴望被人了解，或者至少不得不允许自己被人了解。①他必须接受并且信任认知主体，甚至还会在某些情况下爱上他。可以

---

① 如果人成了自己的认识对象，则情况更为复杂。一般来讲，他最好能有一个娴熟的帮手，这样一来，他和帮手之间会立刻形成各种微妙的关系。大约十年前，威廉·墨菲（William Murphy）博士给精神病科医师上了一节心理治疗课，以生动的方式使我深刻认识到了这种关系可以变得多不寻常。"我会让病人承受抑郁和焦虑的极限。"墨菲博士说道。要知道，他可是一名心理治疗师，力求了解病人，并帮助病人更好地了解自己。虽然我无法确定这是否表达了一种认识论，但八九不离十。即使认知主体和认知对象之间的这种关系不同于组织学家和他研究的切片之间更为"正常的"认识关系，即使后者才是标准的认识关系，我仍然认为，认知主体—认知对象关系理论显然必须加以拓展，以涵盖上述两种关系。

说，他会完全屈从于认知主体（82），反之亦然。被人理解是桩幸事（73），甚至令人鼓舞（3）且有治疗效果。其他事例可见书中的其他章节。（亦可参见所有的心理疗法和社会心理学文献）

动机、意图、目的

在与人交往的过程中，你必须在认识论上接受这样的事实，即人具有物理对象所不具备的意图和目标。传统科学对物质世界的研究很明智地放弃了对意图的推测，包括上帝和人类的意图。事实上，这种排除是使物理科学成为科学的必要条件，因为这样一来，我们就能更好地了解太阳系。对意图的推测不仅没有必要，事实上反而会妨碍对物质世界的充分理解，但如果研究的是人类，情况就大相径庭了。人的确拥有意图和目的，可以通过内省的方式直接感知到，也很容易通过行为进行研究，就像研究类人生物一样（71）。这一简单的事实被传统自然科学模式排除在外，所以传统自然科学的方法自然不太适用于研究大多数的人类行为。之所以如此，是因为它没能区分手段和目标。因此，正如波拉尼（60）指出的那样，它无法辨别正确和错误的工具性行为，无法辨别有效和无效、正确和错误、病态和健康，因为所有这些形容词指的是手段—行为在真正实现目标方面的适用性和有效性。这些考量和纯粹的物理或化学体系格格不入，因为这些体系没有意图，因此也无须区分好的或坏的工具性行为。

有意识、无意识和前意识

人可能意识不到自己的意图，这一事实使我们的问题更加复杂化。例如人的行为可能符合精神分析学家所谓的"无意识的表现"（acting out），即对一种明确目标的明显追求，然而，这种目标并不是行为的"真正"目标，而是一种象征性的替代品，且永远也无法满足他的渴望。

所有全面的心理科学都必须深入研究有意识和无意识、有意识和前意识的关系，以及所谓的"初级过程"认知和"次级过程"认知的关系。我们已经认识到，知识是可以言表的、明确的、清晰的、理性的、有逻辑的、结构化的、亚里士多德式的、现实的、实用的。面对深层的人性，我们心理学家也学会了尊重另一类知识，即那些含混不清、语前和语后的、隐含的、不可言喻的、神秘的、古老的、象征性的、诗意的、审美的知识。缺少了这些资料，任何关于人的描述都不可能完整。但这些资料只属于人类，因此有必要采取特殊的方法来获取这些资料。本书的剩余章节将继续研究同一问题及其衍生问题：如果我们的任务是获取关于人的知识，那么传统科学的概念和方法是否完全适用？不适用的话会有什么样的后果？能如何改善？又能提出什么样的反向研究计划以供思考和检验？一般科学又能从关于人的科学中得到什么样的启发？

第三章　恐惧和勇气条件下的认知需求

科学起源于人们对知识和理解（或解释）的需求，即认知需求（38，43）。在另一篇文章（50）中，我总结了各种各样的证据，这些证据证明，认知需求是本能的，因而具有人性（尽管不仅仅是人性）和物种的根本属性。在那篇论文中，我试图区分由焦虑引发的认知活动和"健康的"认知活动，后者是指无所畏惧的或克服恐惧的认知活动。也就是说，这些认知冲动似乎要么出于恐惧，要么出于勇气，但在这两种不同的条件下，认知冲动会表现出不同的特征。

可以这么认为：由恐惧或焦虑引发的好奇、探索和操作都有一个主要的目标，那就是减轻焦虑。调查某物或探索某地，从行为上看像是出于对某物或某地的兴趣，而实际上可能主要是机体想让自己平静下来，缓解自己的紧张、警觉和忧虑。此时，未知事物首先制造了焦虑，而调查和探索首先是对该事物进行"解毒"，使其成为无须害怕的东西。有些机体一旦打消了疑虑，就会出于对独立存在的现实的纯粹好奇心，去深入考察物质本身。而其他机体一旦"解毒"并熟悉（33）了某物，而且不再害怕它，可能会对它完全失去兴趣。也就是说，熟悉会导致注意力不集中和厌倦。

首先，在现象学上，这两种好奇心的感觉是不同的。其次，二者在临床上和人格学上也不相同。最后,许多巧妙的实验证明,二者在几种类人生物和人类身上的行为表现也有差别。

但同样的人类数据却迫使我们去假设另一个超越纯粹好奇心的"更高级"的概念。不同学者各抒己见,探讨过理解需求、意义需求、价值需求、哲学或理论需求、宗教或宇宙学的需求,或对某种解释性的或合法的"制度"的需求。这些最初的模糊概念一般意指某种需求,以使纷繁复杂的现实变得有序化、结构化、组织化、抽象化或简化。相比之下,在大多数情况下,"好奇心"可以被解释为专注于某一事实、对象,或者最多是一组限定对象、情况或过程,而不是专注于整个世界或绝大部分世界。

这种理解需求,就像强烈的认知需求一样,也可以被视为一种自我表达和组织行为,目的是减轻焦虑或满足对现实本质的非焦虑性兴趣。在这两种情况下,临床和人格学经验表明,焦虑和恐惧通常超过了对现实本质的客观兴趣。在这种情况下,"勇气"既可以看作无恐惧感,也可以看作克服恐惧并在恐惧下正常生活的能力。

任何认知活动,无论是体系化的科学工作和哲学思考,还是个性化的心理治疗探索,都可以在这一背景下得到更好的理解。认知活动涉及多少焦虑引发的勇气和多少无焦虑的勇气?既然大多数人类活动都离不开这两者,我们不禁要问:焦虑和勇气各占多少?行为,包括科学家的行为,在最简单的图式中可以看作焦虑和勇气共同作用的结果,也就是说,它糅合了消除焦虑(防御)的手段和以问题为中心(应对)的手段。

我曾在不同的情况下用几种不同的方式对这一基本辩证法进行了描述。每一种描述都可用于不同的目的。首先(34,第10章,"应对危险"),我区分了弗洛伊德的"防御机制"(在寻求满足的同时缓解焦虑）和我所说的"应对机制"（无焦虑条件下或不顾焦虑地去积极、勇敢、圆满地解决生活问题）。其次，另一有益的区分（43，第3章）是匮乏性动机（deficiency-motivations）和成长性动机（growth-motivations）之间的区别。认知可能更属于匮乏性动机或更属于成长性动机。如果认知主要由匮乏性动机驱动，那么它就更有利于降低需求，更能维持自我平衡，更能缓解明显的匮乏感。当认知行为更多地受到成长性动机的驱动时，就更无益于减少需求，而更有利于实现自我和更全面的人性，更具表达性，更少私心，更关注现实。这就相当于，"只有我们解决了个人问题时，我们才能真正地对这个世界本身产生兴趣。"最后（43，第4章），成长被视为一系列无尽的日常选择和决定，在每一个选择或决定中，人们可以选择退回到安全地带，也可以选择迈向成长的方向。人必须一次次地选择成长，一次次地克服恐惧。

换句话说，科学家可以被看作相对防御型的、受到匮乏性动机和安全需求驱动的人。他们的行为主要由焦虑驱动并以减轻焦虑为目的。或者我们可以认为，他们已经控制了自己的焦虑，可以积极地应对问题，从而解决问题，为实现自我和最完整的人性而成长，因而他已经获得了自由，转而关注本质上丰富多彩的现实，全身心投入其中，而不是投入与他的个人情感困境有关的现实中。也就是说，他可以以问题为中心，而不是以自我为中心。①

---

① "应对这种焦虑的方法有很多，其中有些是认知性方法。对这样的人来说，陌生、模糊、神秘、暗中、意外的事物都具有威胁性。要让这些事物变得熟悉、可预测、可驾驭、可控制（即不再恐怖，于己无害），有种方法是认识并了解它们。因此，知识不仅能促进继续成长，还能减轻焦虑，后者是一种保护性的自我调节功能。认知的外在行为表现可能差别

认知病理学：认知中的焦虑缓解机制

大多数心理疾病都跟这种认知动机有关，这一认识毋庸置疑地表明，对知识的追求可以缓解焦虑。

首先，让我们简单研究一下那些脑损伤的士兵，库尔特·戈尔茨坦（Kurt Goldstein）（22）从他们身上学到了很多。他们先是受到了真实的伤害，随之又丧失了实际能力，这不仅让他们感觉力不从心，而且使这个世界看起来更加令人难以承受。按照一般的理解，他们的许多行为都是为了维持自尊，避免直接面对那些易于引发焦虑的问题，因为面对这种问题他们注定会失败。为此，他们首先缩小了自己的生活圈子，以回避他们无力应对的问题，而只处理自己力所能及的问题。在这样一个狭小的世界中，只要少冒险、少尝试，对远大抱负和宏伟目标"敬而远之"，他们就可以正常生

（接上页）不大，但其动机可能天差地别，因而对认知主体的影响也有所不同。比如忧心忡忡的房主在半夜拿着枪去楼下查找神秘恐怖的声响从何而来，当确定一切正常后，会感到紧张缓解后的如释重负。再比如，年轻学生通过显微镜第一次看到细胞的微细结构，或是人们领悟了一首交响乐、一首复杂的诗歌或一种政治理论的意义，会恍然大悟、心醉神迷、欣喜若狂。这两种认知对主体的影响截然不同，在后一种情况下，认知主体会感到更强大、更聪明、更有力、更充实、更能干、更成功、更敏锐。

"这种动机辩证法随处可见，在最宏大的人类背景下，在伟大的哲学中，在宗教制度中，在政治和法律体系中，在各种科学中，甚至在整体文化中都存在此类辩证法。简言之，它们能以不同比例同时呈现认知需求和安全需求的结果。有时，安全需求几乎可以完全使认知需求服务于焦虑缓解的目的。免于焦虑的人可以更大胆、更勇敢，可以为了知识本身去探索和推理。当然，我们有理由认为，后者更有可能趋近真理，即事物的真实本质。相对于受成长性需求驱动的哲学、宗教或科学，受安全需求驱动的哲学、宗教或科学更易于走向盲目。"（43，61—62）

活。此外，他们精心布置和安排这个小世界，保证每件东西都各就各位、一丝不乱。他们努力把自己的小领地几何化，让它们变得可以预测、可以控制，安全可靠。再然后，他们倾向于把它们定格成静止不变的状态，以避免变化和不稳定因素。他们的世界因此变得更可预测、更可控制，不易引发焦虑。

人如果能力有限、缺乏自信，认为这个世界难以应对，无法接受现状，那么这些做法都是合乎情理、合乎逻辑，可以理解的，而且的确奏效。士兵们的焦虑和痛苦确实得到了缓解。如果不仔细观察，这些病人看起来跟常人无异。

这些安全发生机制是务实合理的（而不是"疯狂"、怪异、神秘），这点在这一类人身上很容易观察到。由于他们的能力不比从前，他们肯定会认为这个世界更危险、更难以应付，他们必须立即制定各种安全机制来保护自己不受实际伤害。因此，他们必须立即缩小自己的圈子——可能是把自己关在家里，直到能"把控"周围环境。每件家具都必须有固定的位置，每件东西都必须放回原处。任何不可预料或意外的事情都不应该发生，因为有危险。世界必须保持现状，变化就意味着危险。从一个地方到另一个地方的路线必须熟记于心。

类似的情况在神经官能症患者身上也可以看到。我这样说可能有些简单化，但这里确实涉及一个基本问题，那就是这些患者对自身的冲动和情感心怀恐惧。

他们总是担心：万一情感失去控制，可怕的事情就会发生，也许是谋杀。所以一方面，他们严格控制自己，另一方面，他们把这种内心的激烈冲突投射到外部世界并试图控制它。他们内心所排斥的一切——情感、冲动、自发性、表达力——也流露在外，尽管表现得有些自相矛盾。当他们拒绝来自内心的声音和信号，对自己的自发愿望和类本能冲动产生怀疑时，他们必须依靠外部信号来告诉自己什么时候该做什么，例如依赖日历、时钟、时间表、议程、定额、几何化、法律、各种法规等。由于变化和意外可能会使他们对周围事物失去控制，他们还必须规划和设计未来，使它毫厘不差、不出意外。他们的行为也变得有序化，成为重复性的程序和仪式。

在这些患者身上我们也能观察到同样的安全机制。他们通过回避令人不快的人、问题、冲动和情感来缩小自己的生活圈子。也就是说，他们过着狭隘的生活，并易于成为狭隘的人。他们画地为牢，以便能控制世界。为免于恐惧，他们使自己的世界有序化、规范化，甚至定格化，这样世界对他们而言就是可以预测的，也就是便于掌控的。他们倾向于靠"数字"生活，按规则行事，依赖外部提示而非内心暗示，依赖逻辑和事实而非冲动、直觉和情感。（一个强迫症患者曾问过，他们如何证明自己在恋爱！）

极端歇斯底里的神经症患者通常与强迫性神经症患者形成对照，但在此却引不起我们太大兴趣，因为他们的极度压抑和全面拒绝已经将任何令人不快的知识拒之千里。很难想象，这样的人能成为科学家，更不用说成为工程师或技术专家了。

最后，我们可以研究一下某些疑病性神经症患者和偏执狂，他们不由自主地想要知道所有正在发生的事情，唯恐自己不知情。他们必须知道紧闭的门背后发生了什么，奇怪的噪音必须有个说法，那些听不太清的话必须听得一清二楚。危险在于未知，只要是未知的，就一直有危险。这种求知行为主要是防御性的，是强迫性的、偏执的，由焦虑引发，并且会进一步引发焦虑情绪。只是从表面上看，他们是在追求知识，但是现实一旦变为已知，对他们而言就不再危险，也就失去了魅力。也就是说，现实本身并不重要。

其他认知病态

临床上还可以观察到其他一些病态（主要是由焦虑引起的）认知需求的表达（无论是科学家还是普通认知主体），现罗列如下：

1. 对确定性的强迫性需求（而不是对确定性的享受和欣赏）。

2. 对确定性的迫切需求导致急于定性（因为不能忍受等待的状态和对最终决定的未知状态）。

3. 出于对确定性的迫切需求，偏执地过度依赖某一结论，尽管新的信息与此结论相矛盾。

4. 否认无知（因为担心显得愚蠢、软弱、可笑）——不会说"我不知道""我错了"。

5. 拒绝质疑、困惑和迷茫：要表现得胸有成竹、坚决果断，不会谦虚。

6. 表现得勇敢顽强、坚韧不拔、无所不能的神经质需求。反恐惧机制是对恐惧的防御机制，也就是当人真正感到恐惧时，对恐惧感的否认。人不愿表现出软弱或伤感的一面，这种心理最终可能会演变成一种对（被曲解的）女性特质的防御。科学家追求"实际"、坚持"定见"或讲究"严谨"的合理愿望可能会走向病态，演变为"唯实用主义"、唯我论，或为严谨而严谨。结果可能会使人变得一味强势，过度专断，控制欲极强，缺乏耐心，无法做到虚心接纳。即使某些情况下，比如在心理治疗中，也同样无法虚心接纳（治疗时只有虚心倾听才能更好地了解病情）。

7. 只会主动、支配、把控、"掌管"、"刚硬"，而做不到不加控制、不予干涉、善于接纳。这是认知主体多面性的丧失。

8. 对某种精神分析的合理化（"我不喜欢那家伙，得找个正当理由"）。

9. 不能容忍模棱两可：不能适应模糊、神秘、未知的事物。

10. 需要与他人一致，需要获得认可，需要成为团体的一员——不能有异议，不能被排斥，不能被孤立。在阿施（Asch）（4）、克拉奇菲尔德（Crutchfield）（14）以及其他人的实验中均可以观察到这种需求对认知的影响。

11. 自大、狂妄、傲慢、自负、偏执倾向。经深度治疗证明，这是内心深处对自身缺点和无用感的一种防御。总之，这种自我意识妨碍了对现实的清晰认识。

12. 对偏执、自大或傲慢的恐惧。对个人的光荣、伟大、完美有防御心理，不敢有大的抱负，逃避自己的成长。不相信人能有所发现，因此对重要发现视而不见，拒不相信，更不能运用或发掘这些发现，只能处理琐碎的问题。

13. 对权威、伟人过分尊崇，成为一个信徒、一个忠实的追随者，最终沦为一个傀儡，无法独立自主，无法肯定自己。（"不要做一个弗洛伊德的追随者，要做一个弗洛伊德""不要步大师的后尘，而要去追求大师的目标"）

14. 轻视权威。对抗权威的需求，不能向长辈或老师学习。

15. 需要做到始终且必须理性、明智、符合逻辑、善于分析、精确、智慧等。即使在某些特殊的场合，也做不到无理、野蛮、疯狂、依赖直觉等。

16. 理性化，即将情感转化为理性，只感知复杂情况中理性的一面，仅满足于命名事物而非体验事物，等等。这是专业知识分子的一个普遍缺点，他们往往对生活中感性和冲动的一面比较迟钝，而仅关注认知层面。

17. 智力可能成为一种工具，用来支配他人，以求高人一等，或者通过片面印象误导他人。

18. 因为诸多原因，知识和真相令人生畏，因而遭到抵制或歪曲（43，第5章）。

19. 标签化，即病态范畴化，脱离具体的体验和认知过程（38，第14章）。

20. 强迫性二分法、二分倾向、非此即彼、非黑即白（38，232-234）。

21. 对新奇事物的需求和对熟悉事物的贬低。即使奇迹重复一百次也无法察觉。贬低已知事物，将其视为老生常谈、陈词滥调等。

类似的认知病态表达还有很多，因此这一列表可以无限延长。例如所有弗洛伊德式的防御机制都会导致认知效率低下，其他影响除外。一般来说，神经症和精神病都可以被认为是认知方面的疾病，当然还有其他方面的问题。性格障碍、存在判断的"障碍"、"价值病态"，以及人类能力的削弱、萎缩或丧失等也是如此。甚至许多文化和意识形态都可以从这个角度来分析，例如鼓励愚民、抑制好奇心等。

通往完全真理的道路是崎岖不平的。全面的认知是困难的。

不仅门外汉如此，科学家也是如此。科学家和外行之间的主要区别在于，科学家是自觉自愿地主动去探索真理，而且会竭尽所能地去学习寻求真理所需要的所有技巧和伦理（11）。的确，一般说来，科学可以被看作是一种技术，通过运用这种技术，容易犯错的人可以战胜他们畏惧真理、回避真理以及歪曲真理的倾向。

所以，认知病态的系统研究是科学研究的题中应有之义。显然，这一学科分支应该有助于科学家成为更好的认知主体和更有效的工具。然而至今鲜有这方面的研究，令人费解。

谨慎认知与勇敢认知的整合

那么，这些"堂而皇之"的科学词汇——预测、控制、严格、确定性、准确、精确、整洁、有序、合法、量化、证明、解释、验证、可靠性、合理性、组织等，一旦运用到极端，似乎都能导致病态。所有这些都可能被用来满足安全需求，即主要成为回避焦虑和控制焦虑的机制。它们可能是一个混乱恐怖的世界的解毒机制，也可能是热爱和理解精彩纷呈的大千世界的方式。追求确定性、精确性或可预测性等可能是健康的，也可能是不健康的；可能是出于防御性动机，也可能是出于成长性动机；可能缓解焦虑，也可能收获发现和理解的喜悦。科学可以是一种防御手段，也可以是一条坦途，通往充分的自我实现。

为确保准确理解一个要点，我们也必须审视那些勇敢无畏的、受成长性驱动的、心理健康的科学家。为凸显区别和对比的效果，我们暂且再选一个极端类型。上述的所有机制和目标在成长性需求驱动的科学家身上也可以观察到，不同之处在于，它们没有神经质化①。它们不是强迫性的、偏执顽固的、无法控制的，就算不能及时得到满足和回报，也不会引起焦虑。它们不是迫切需求，也不是绝对需求。健康的科学家不仅可以享受精确之美，对散漫、偶然和歧义也同样甘之如饴。他们可以享受理性和逻辑，但也同样陶醉于疯魔、狂热和情绪化。他们从不担心预感、直觉或异想天开。通情达理固然好，但偶尔忽略常识也无伤大雅。发现规律乐在其中，一套能解决问题的简单实验可以并确实能带来高峰体验。但困惑、推测、荒诞有趣的猜想也是科学游戏的一部分，也是追逐真理过程中的一大乐事。思考一条完美的推理或数学论证可以体验到无上的美感和神圣感，但是琢磨神秘莫测的事物也有同样的神效。

富有创造性的、勇敢无畏的伟大科学家都是多面手，上述内容正好印证了这一点。收放自如，能松能紧，理智而又不失疯狂，严肃而又不失活泼，这些似乎不仅是一个人心理健康的特征，也是其具有科学创造性的特征。

最后，我确信，在培养年轻科学家的过程中，我们既要鼓励谨小慎微，又要提倡大胆创新。单纯强调谨慎、冷静和执着，只能培养出好的技术员，而这样的人很难有新发现或提出新理论。谨慎、耐心和保守是科学家的必备素质，但如果追求创造性的话，那么最好同时具备勇敢无畏的特质，两者不可或缺，相互并不排斥，甚至可以相互整合。众美兼备的科学家具有灵活性、适应性，而且多才多艺。或者正如精神分析学家常说的，最好的精神分析学家（或科学家或普通人）结合了癔病患者和强迫症患者的优点，

---

① 参看霍尼的《我们这个时代的神经质人格》（*Neurotic Personality Of Our Time*），在本书中，作者对爱、安全、尊重等神经质需求及健康需求进行了精彩的区分。

而没有二者的缺点。

从认识论的观点来看，如果我们认同认知主体与认知对象之间的同构平行关系（52），那么我们可以信心十足地期待，"更高"、更大胆、更全能的认知主体才能够认识更高的真理。谨小慎微的认知主体只知道如何避免引起焦虑，因而是"半盲"的。他所能认识的世界比强者所能认识的世界更加狭小。

第四章　安全科学和成长科学：作为防御手段的科学

科学可以成为一种防御手段。它主要是一种安全哲学、保险体系，是一种能规避焦虑和苦恼的复杂手段。在某些极端情况下，它也是一种逃避生活、自我修行的方式。对于某些人而言，科学是一种社会制度，主要功能在于防御和守成、维护秩序和稳定，而不是发现和更新知识。

将科学极端制度化的最大危害在于，科学事业最终会像某一官僚机构一样实现功能自主，然后将初心抛诸脑后，最终演变成抵制创新、发明、改革乃至真理（如果真理让人难以正视）的"万里长城"。事实上，官僚是天才的隐匿之敌，正如批评家是诗人之敌，教会是神秘主义和先知之敌——而这两者正是教会建立的根本(48, 第4章)。

我们理所当然地认为，科学像任何社会制度一样，不仅具有革命性，还具有守成、稳定和组织的功能，那么我们该如何避免守成功能走向病态呢？又该如何保证科学"正常"、健全和富有成效呢？我相信，这一问题的根本答案与上一章大体一致：更明确地意识到科学家个人的心理状态，充分了解科学家个体的性格差异，承认不管从科学家个体来看还是从社会制度来看，任何科学目标、方法和概念都有可能病态化。一旦这样的科学家泛滥，他们便会"挟持"科学并给自身的狭隘观点打上"科学哲学"的标签。科学家相互之间的角力始终伴随着科学家个体内在的矛盾。恐惧和勇气、防御和成长、病症与健康之间的斗争是永恒的、内在的。从个体的这种内在冲突的病理和治疗中，我们得到的重大教训是，选择勇气、成长和健康意味着选择真理（主要是因为健康的勇气和成长包括了健康的沉着、谨慎和坚定）。[①]

在其他著述（38, 43, 44, 49）中，我曾试图证明二分法是思想病态化的罪魁祸首。与包容性、整合性和协同性恰恰相反，二分法将浑然一体的事物割裂开来，留下的是一个看似完整自足，实际上支离破碎的存在。胆识和谨慎既二分对立又相辅相成。胆大心细之人与有勇无谋之人大不相同，后者往往做事冲动、缺乏判断。

理智谨慎的勇夫与粗枝大叶的莽汉不同，后者往往存在性格缺陷。优秀的科学家既要博学多才又要灵活多变，也就是说必要的时候既能保持审慎和怀疑，又能勇往直前。这一建议听上去似乎并不中用，就像仅凭直觉做饭的厨师告诉你"盐不要放太多，也不要放太少，差不多就行"，但对于科学家而言，情况有所不同。在他们看来，所谓的"差不多"是有办法判断的，而这种办法就

[①] 个人笔记（personal note）有助于在这些辩证倾向之间保持平衡，防止走向非此即彼的单一选择——这几乎已经是我们社会中的常态现象了。根据我对自己的学术和科学生涯的心理分析，我发现既要避免过分谨小慎微，也要避免胆大妄为，既要防止过分自制，又要防止过于冲动，这很有必要。对于科学家来说，这种永久的内在冲突，日常生活中必不可少的进与退，保守与冒进的选择也是科学生涯中必不可少的部分。波拉尼（60）曾经清楚地证明：科学知识是"个人化"的，它必然涉及个人的判断、喜好、信仰、冒险、鉴赏力、承诺和责任。

是发现真理的最佳途径。①

成熟的科学家和不成熟的科学家

在某种程度上,库恩(30)认为科学家有普通型和创造型之分,两者间的区别好比少年长大成人,或者从幼稚走向成熟的发展过程。男孩心目中的理想成年人更接近于那些痴迷成性的实用技术员,那些"普通"科学家,而不是那些伟大的开创者。如果我们能更好地理解青少年曲解的成熟和真正的成熟之间的区别,我们就能理解人们为什么对创造性怀有深深的畏惧乃至病态的抵制。反之,这也说明我们每个人内心一直都在跟自我实现和我们的最高使命进行抗争。女性身上表现出来的不成熟更类似于歇斯底里,与科学家的形成关系不大。

男孩们陷入了这么一种矛盾:成年前迫切想要长大,成年后又想保持年轻和童真。少年和成年各有各的乐趣,也各有各的痛处。但不管怎么样,生物学和社会都不给他们留有选择的余地。事实上,人在生理上成长的同时,社会也依照某一文化对他提出了要求。

因此,男孩必须摆脱自己对母亲的依恋——至少在我们这个社会中应该如此。因为这种依恋会拖其后腿,因此必须与这种情结做斗争,摆脱母亲。他既想实现个人独立,也想摆脱对女性的依赖。他想加入男人的阵营,成为父亲独当一面的左膀右臂,而

---

① 对于发展全面、博学多才且灵活多变的科学家来说,"癔症"和"精神分裂倾向"是他们的理想标配,这些特征与他们人格的其他特征不可分割,因而并不属于病态化。正如我之前所说的,很难想象极端的癔症患者或精神分裂患者会产生成为科学家的愿望,或者还能成为一名科学家。强迫症患者倒有可能成为某一类科学家,或者充其量只能成为一名技术员。

不只是做一个尽职尽责、唯唯诺诺的听话儿子。在他看来，男人应当坚毅果决、无所畏惧、吃苦耐劳、不为情所困。他们威重令行，当怒则怒，令人生畏。可以说，他们是惊天动地的人物，是真正的实干家、建设者和世界的操盘手。男孩就渴望成为这样的人物。于是，他调动恐惧防御机制，过度压制自己的恐惧和胆怯，乃至无法拒绝任何挑战和冒险。不仅如此，他还爱恐吓招惹小女生或者年长的女性。为了做条硬汉子，或至少装作是硬汉，他从不展现自己怜香惜玉、多愁善感的一面。他还喜欢挑战大人、当权派、权威以及所有父辈，因为真正的硬汉是不怕父亲的。于是他拼命想要摆脱父亲这位"统治者"（按照他的理解），尽管在内心深处他仍然需要他们。当然，在某种程度上，长者才是真正的统治者，在他们眼中，这些少年只不过是需要被照顾的孩子而已。

只要用心观察，就能发现这些鲜活的例子。在很多人身上，我们都可以看到这类人的影子，如牛仔、恶棍、帮派头目、无所畏惧的侦探福斯迪克（Fosdick）、联邦调查员以及许多运动员。我举个例子。大家可以想想标准西部片中的牛仔。牛仔这一形象代表了男孩们梦想的全部荣誉：强大无畏，独来独往。他们随心所欲，没有痛苦，不乱方寸。除了自己的马，他们谁都不爱，几乎不会表达爱意，即便有所表露，也表达得低调含蓄、笨口拙舌。他们尤其缺乏对女人的浪漫柔情，不管是风尘女子还是良家妇女。他们认为脂粉气的男人世界才有艺术、文化、才智、教育和文明等，因为这些玩意儿——还包括洁净、各种情感（除愤怒以外）、面部表情、条理以及宗教——这一切在他们看来都是女性化的，而他们则代表了天差地别的另一极端。虚构的牛仔既没有子女也没有父母、姐妹（但可能会有兄弟）。还应当注意的一点是，虽然他们杀人无数，但从不嗜血成性、戕害肢体、制造痛苦。要知道，虽然存在等级秩序和强弱之分，但英雄总是站在制高点上。

真正的成熟不仅体现在年龄上，也体现在人格发展上。简单来说，成熟之人不受弱点、情绪、冲动和认知等方面的威胁。因此，少男们眼中的"女人味"不会给成熟之人带来任何威胁，因为在成熟之人看来，这种"女人味"不过是人性的体现。成熟之人能接纳人类的本性，因此内心并不会抗拒这种天性，也不会试图压制自己的部分天性。某位斗牛士曾说过一句话，广为征引："先生，我做的都是男人该做的。"这样接纳自己的天性，而非拘泥于外在的理想当中，更符合成熟之人的特质，那就是自信满满，从不刻意去证明任何东西。对一切经历保持开放的心态正是成熟的特征。矛盾心理化解后也是如此，即不带一丝敌意、畏惧和控制欲，全心全意地去爱。为了更切合正题，我也想用"成熟"这个词表达完全放纵情感——既包括爱，也包括愤怒、痴迷以及对科学问题全身心投入的激情。

迄今为止，我发现那些富有创造力的人（我不会用"杰出"或者"才华横溢"来形容，因为两者还是大有不同的）与情感成熟的人相比，两者在性格上高度相关。比如，理查德·克雷格（Richard Craig）（13）曾证明，托兰斯（Torrance）（72）列举的有创造力之人的性格特征与我列举的完成自我实现的人的性格特征（38）几乎完全重合。可见，有创造力和完成自我实现这两者的概念几乎如出一辙。

普通科学家身上有哪些不成熟的性格特征，需要引起重视并仔细研究？诸如此类的性格特征有很多，但我只举一个例子。在描述青少年时，我们格外强调其控制欲和排斥性，这正是我们需要审视的特质。青少年压制、排斥一切他们认为柔弱或女性化的事物。那些过度防御或过度执迷的"不成熟的"科学家也是如此，他们的基本动力就是不相信自己的情感和冲动，他强调控制，倾向于排斥，设置障碍，紧锁大门，怀疑一切。这类科学家也不喜欢其他人身上的失控行为，他们讨厌冲动、热情、反复无常和不可预测。他们往往保持一副冷静清醒、一本正经的姿态。在科学问题上也总是表现出坚韧和冷酷的一面，甚至认为科学就是坚韧和冷酷的代名词。由此可见，对这些特征进行审视和考虑是相当有意义的，这些特征值得进行更深入的考察。

第五章　预测人还是控制人

　　认识人的最终目的与认识事物和动物的最终目的有所不同。虽然我对此仍有异议，但当我们探讨分子、草履虫或家畜时，以预测和控制为唯一目的是可以理解的，但怎么能义正词严地说，我们认识人的目的就是为了更好地预测和控制？情况其实恰恰相反——当事物呈现出可预测性和可控性时，我们往往又感到惶恐不安。如果除了乐此不疲地沉醉于人类的奥妙，人文科学还有其他目标的话，那这个目标一定是将人类从外部的各种控制中释放出来，使其对于他人而言变得更加难以预测（更自由，更富有创造力，也更有自主性），而对于自己则变得更具有可预测性。

　　至于自我认知的目的，这又是一个完全不同甚至更为复杂的问题。首先，自我认知的目的就是认识自我。自我认知的本质引人入胜，其体验也妙不可言（至少从长远来看是如此）。我们已经知道，这一过程有些煎熬，但它确实是消除精神癔症的一剂良方。它能消除不必要的焦虑、抑郁和恐惧，能带来快乐。我们已经知道，19世纪的自我控制（主要通过超强的意志而非自我认知）的老观念已经被其对立面——自发性理念所取代。这就意味着，如果我们足够了解自己的生物特性，即内在的自我，这种自我认知就会指明我们的个人归宿。也就是说，只有充分了解自己的本性，才能热爱它、享受它，进而顺从并充分表达自己的天性。反之，这也意味着摒弃那些有关美好人生的历史哲学。因为在大多数西方哲学家和宗教主义者看来，要成为善良之人唯一的方法就是一味压制低级的动物天性和本能。

但是人文主义心理学主张的自发性理论意味着一套完全不同的模式（一种典型，所有例外都是该典型的边缘情况）。根据这一模式，最基本的冲动本身并不一定是邪恶或危险的。这些冲动的表达和满足本质上是策略问题，而非对错、好坏的问题。对需求表达及需求满足的"控制"如今转变成"如何获得最大的满足""何时满足""以何种方式在哪里满足"等问题。这种控制不会质疑需求本身。我甚至可以说，任何质疑需求的文化环境，任何使性、饥饿、爱、自尊等问题成为永久道德问题的环境或文化可能都是一个"不良"社会。

由此得出的结论是，对人文主义者来说，"控制"一词有着不同的含义——控制与冲动并不矛盾，两者应是协同作用的。这意味着，自我认知比压制性的自我克制更接近自由。可预测性也是如此。当涉及认识自我和他人时，"可预测性"一词的定义似乎也发生了重大变化。通过对治疗后的病人以及人性丰满的个人展开经验研究，可以研究人的可预测性。

将可预测性作为目标

通常，"可预测性"一词的含义是"能被科学家预测"，且往往带有"能被科学家控制"的含义。有趣的是，如果我们能够预测某人在某种特定的情况下的行为，通常会激起这个人的反感。不知为何，他总认为这种预测是对他的不尊重，就好像他无法主导和掌控自己，像是一件物品。他感觉到被人支配、受人摆布、智不如人（43，第9章）。

我曾注意过这样的人：他们故意颠覆别人的预测，仅仅是为了表明自己是不可预测的，以重申自己的自主权和自我控制权。例如，一个10岁的小姑娘，平日里总是循规蹈矩、恪守本分，在别人眼里就是个乖孩子。出人意料的是，有一天她扰乱了课堂纪律，把薯条当成笔记本发给班里的同学。用她的话来说，她这么做就是因为每个人都理所当然地认定她做不出什么出格的事。有个年轻男人，偶然听到未婚妻说他做事总是很有条理，总不出乎意料。不知什么原因，他总觉得未婚妻的话有侮辱他的意思，于是故意做出让人始料未及的事。当人变得可以预测，往往是严重的病理征兆。举个例子，戈尔茨坦手下那些脑损伤的士兵（22）之所以易于操纵，就是因为他们对特定的刺激会产生可预测的反应，而受制于刺激则意味着变得可预测和可掌控。

但是，"可预测性"这个词也有褒义的用法。比如，"在紧急情况下，你的确可以指望他""他总是能化险为夷""我愿以生命担保他是一个老实人"。我们似乎希望人基本的性格结构一直不变，但并不期待他在小节上也如此。

如果考虑到自我认知，可预测性的目标将会变得更加复杂。似乎可以做出这么一种类比：自我认知可以减少来自外界的控制，并增强自我控制，即他人的决定作用降低，自主性增强。随着自我认知的增强，自我预测性也相应增强，至少在一些重要和基本的问题上是如此。然而，在很多方面这也意味着对于他人而言，自我将更加难以预测。

最后，就我们目前的认识，预测、控制和理解等已经是最高水平，即存在层次（48）的概念了。我想就此再补充一点。在这一层面上，存在价值已经融入自我。实际上，它们已经成为自我的规定性特征。真理、正义、善良、美丽、秩序、团结、全面等这些存在价值已经上升为人的元需求，超越了自私或无私、个人需求或客观需求的简单二分。

自由现在已经变成斯宾诺莎式的了，也就是说，真正的自由就是拥抱并热爱自己的命运。当然，这部分取决于个体对自我的发现和了解，即找到（霍尼所说的）"真我"，并顺从真我。这意味着让"真我"去掌控，自由选择"真我"去决定。因此它超越了一系列二分概念，如"自由与决定论"、"自由与控制"或"理解为目标与预测和掌控为目标"。这些词的含义发生了改变，并在某种程度上相互融合，需要进行深入的研究。但现在有一件事情是毋庸置疑的：有关"预测"和"控制"的简单概念虽然符合牛顿的"台球桌"式（运动物体）科学理念，但当科学上升到人文主义阶段或超越人文主义时，这些概念就已经过时了。

第六章　经验知识与旁观者知识

生活中有很多事情无法用言语传达。先天盲人无法理解我们所描述的颜色；唯有游泳者才懂得游泳的乐趣，不游泳的人就算读书千百、听言万句也只能获得一点似是而非的感觉；年轻人也须得为人父母时才能全然体会父母的处境，才会说"我当时不懂"；我的牙疼起来跟你也不一样，诸如此类。或许这样说来更贴切：整个人生都是从经验感知开始的。经验是无可替代的，绝无可能。① 其他一切交流与知识的工具——文字、标记、概念、符号、理论、公式、科学知识——也都只在人们具备经验知识的前提下才充分发挥效用。在认知领域，直接的、切身的经验知识是基础货币。其他一

---

① 经验世界可用两种语言来描述：一种是主观的现象学语言，另一种是尼尔斯·玻尔（Niels Bohr）早前提到的客观的"朴素现实主义"语言。两种都近似于日常生活语言，但任何一种语言都无法穷尽式地描述生活。它们各有其用，缺一不可。

心理治疗专家很早便对两种语言做了区分，使两者各有所用。例如分析人际关系时，他们竭力教导病人不要抱怨或发泄，比如可以说"在你面前，我觉得自己很渺小"（或"受排斥"或"恼火"等），而不是说"你不喜欢我""你觉得你比我强""别想控制我"，或是"你为什么喜欢愚弄我？"也就是说，心理治疗专家教病人在内心体会自己的情感，而不是像多数人那样任意释放情绪。这一区分至关重要，毋庸置疑，但涉及甚广，在此无法进一步赘述。

切便如同银行、银行家、财会系统、支票和纸币,除非有货真价实的钱财需要兑换、操控、积累和调度,否则它们毫无用处。

我们容易将这一简单事实无限夸大。比如,虽然我们确实无法向先天盲人描述何为红色,但也不能像某些人所推断的那样,认为文字是无用的。因为与人分享交流类似的经历时,文字一般并无大碍。嗜酒者互诚协会、赌博者互诚协会、吸毒者互诚协会及类似组织的成员但凡有过相关经历,都可以证明:首先,缺乏经验,语言文字便会失效;此外,具有某一共同经验的群体运用语言文字均可以顺畅交流(48,关于狂热交流的附录文章)。当女儿的只有在自己生儿育女之时,才能"理解"母亲,真正跟母亲贴心。不仅如此,在组织整理语言传达给我们的杂乱经验与超经验之时,文字更是绝对必要的工具。〔诺思罗普(59)对此颇有研究。〕

如果进一步将初始过程、无意识与前意识、隐喻性交流及非言语交流(如舞伴之间)考虑在内,我们便离事物全貌又近了一步,即经验知识是必需的但不是全部,是必要条件但不是充分条件。我们也因此避免了落入经验知识与概念知识两分的陷阱中。在我看来,经验认知先于概念知识,但二者相互依赖,结合得天衣无缝。没有人敢贸然地厚此薄彼。保留了灵性的科学比剔除了经验认知的科学更强大有力。

没有必要将上述主张与"微观"行为主义("minimal" behaviorism)对立起来,后者是讨论知识可靠性等级的学说。按照这一学说,公共知识在多数情况下比个人的主观知识更为可靠稳定。心理学家对纯粹内省主义的缺陷甚至盲点了然于胸。我们深谙幻象、错觉、幻觉、否认、压抑及其他那些有碍于认识现实的心理防御。既然你我内心的压抑和幻觉是有差别的,那比较你我的主观经验便是最为简单而有效的方法,可以过滤掉我内心防御中妨碍认知的力量。这可称为最简便的现实验证法。它确认某一知识为共享知识而非幻象，以此作为检验知识的第一步。

正因如此，我认为，其一，多数心理学问题确实也应该从现象学入手，而非从客观的、实验性的、行为性的实验技巧入手；其二，通常我们必须从现象学起步，进而向客观的、实验性的和行为性的实验方法推进。在我看来，这是典型的、常规的路径——从不太可靠的开端上升到较为可靠的知识水平。例如，若用物理学方法对爱情从头开始研究，难免显得对不甚了然的东西太过小心，好似用镊子和放大镜探索整个大陆一般。同样，局限于现象学的方法也只会令人满足于差强人意的可靠性和可信度，而无法达致应有的高度。

优秀的认知主体

近几十年来，临床心理学与实验心理学研究聚焦于这一问题：在认知发生之前，首先必须有成为优秀认知主体的逻辑先在需求。认知扭曲不仅仅见于各种精神机能障碍，也存在于得不到满足的"正常"需求、内心的恐惧以及个性化的心理防御，也就是说存在于"正常"或一般的性格中。这种认知扭曲的力量之大，20世纪之前几乎无人能够想象。依我看来，由临床经验与人格学经验可知：心理健康的改善能使人成为更优秀的认知主体，甚至更优秀的科学家；自知、自察、不违本心是改善并塑造健全人格或心理健康的绝佳途径。

实际上我想说的是，从逻辑学与心理学角度考虑，清晰认识自我先于认识外部世界，经验知识亦先于旁观者知识。若想认识这个世界，较明智的做法显然是首先成为优秀的观察者。这一要求可理解为：使自己成为获取知识的得力工具，像清洗显微镜镜片一般净化自我，尽可能做到无畏无惧、真诚坦荡并超越自我。多数人（包括某些科学家）不仅做不到这些，也做不到无私与奉献，因此他们本有望成为高效的认知主体，实际上却有负众望。

（在此我先提一个问题：这些对于科学家的培养及非科学家的科学教育有什么意义呢？这个问题一经提出，就足够引发我们对所谓科学教育的质疑了。）

然而我们必须把话说完，不能就此打住。培养诚实、可靠及正派这些品质固然没有问题，但除了诚实以外还有什么呢？真实可靠并不等同于知识本身，就如同一台干净的显微镜不能等同于知识一样。诚实是优良品质，并且是成为一位优秀科学家的前提和必要条件。但优秀的科学家还必须做到技术熟练、能力出众、业务精通、知识渊博以及学问精深。对未来的认知主体和实干家来说，心理健康是必要条件，而非充分条件。

也就是说，仅凭经验知识是不够的，仅凭自我认知与自我提升也不足以成事。认识世界并具备认识世界的能力这一任务尚未完成，故而积累与整理知识——旁观者知识、非人类知识——的任务也尚未解决。

我希望我把话说清了。我再次摒弃了对立两分法，进而选择了层级整合法。旁观者知识与经验知识相辅相成，在适当条件下二者可以也应该紧密结合。

关于事物的旁观者知识

正统科学家宣称的"认知"意味着什么呢？要知道，在科学形成之初，"认知"意味着"认识外部客观世界"，对于正统科学家而言，这一认识现在依然成立。这意味着"认知"的对象并非自身，亦非人类，无关个人，而是独立于感知主体以外的事物，即感知主体只能作为陌生人、旁观者及观众去感知。感知者本人与感知对象完全疏离，既不理解也不认同，也没有任何既有的隐性知识。感知者只能通过显微镜或望远镜观察，如同从外面、从远处透过钥匙孔窥视屋内一般，却无权待在被窥视的屋子里。这样的科学观察者便不是参与型观察者。若将他们的科学研究比作观赏性体育运动，则可以将他比作观众。他们无须介入所观察的事物，也无情感投入与利害关系可言。他们足够沉着冷静、超然物外、不喜不悲、无欲无求、完全置身观察对象之外。他们坐在看台之上，俯视着竞技场中的一举一动，自己超脱于赛事之外。理想的话，他们不关心孰输孰赢。

若观察对象全然陌生，他们能够而且理应保持中立。为了保证结果真实可靠，他们应避免涉及个人利害，做到不偏不倚，对任何结果都不抱预期。为了据实汇报，保持超脱、置身事外才最为有效。当然，理论上讲要做到这一点几乎全无可能。但是，追求这一理想却是有可能的，这跟背离这一理想是有区别的。

我将这种知识称为我—它（I—It）知识，以区别于将要提及的我—你（I—You）知识，这样便于与马丁·布伯（Martin Buber）的读者进行交流。"我—它知识"是人与事物、物体间的互动，这些物体不具备人类品性，无须理解与认可。另见索罗金（Sorokin）著作（69，287），他从其他方面着手，也得出了相似结论。

我并不认为，这种关于外在事物的外在知识是最易于把控的，即使这些知识是关于具体事物的。多数较为敏感的观察者更能够物我合一，也就是说，他们更能够认同和融入更博大、更包罗万象的生物及非生物圈。实际上，这也许是高度成熟人格的鲜明标志。某种程度上，这种认同感使观察者本人也成为认识对象，而非完全置身事外的旁观者，因而有可能获得相应的经验知识。广义上的"爱"就包括这种认同感，出于研究目的，这种从内部获取知识的能力可被视为爱带来的知识扩充。我们可以提出以下一般性假设：对某物心怀大爱，便能扩充我们有关此物的经验知识，而缺乏爱则可能减少相关经验知识，尽管会增加有关此物的旁观者知识。

常识性经验即可印证这一点。研究人员 A 对精神分裂症患者（或白鼠，或苔藓）极为着迷，可研究人员 B 却对躁郁症（或猴子，或蘑菇）更感兴趣。我们满怀信心地期待研究人员 A 可以自愿选择或喜欢研究精神分裂症患者等；其研究能够出色且持久，研究人员能更有耐心、更坚持不懈、更能忍受由此带来的烦琐工作；对研究对象会获得更多预感、直觉、愿望、启示；可以对精神分裂症有更多重大发现；精神分裂症患者会安于与研究者相处，认为他能"理解"自己。在以上各个方面，研究人员 A 几乎一定比研究人员 B 表现出色。但请注意，原则上这些优点更有利于获取经验知识，而非获取旁观者知识，即使研究人员 A 在后者的表现可能毫不逊色。

但凡涉及有关外在事物的旁观者知识，我们便胸有成竹地期待，那些能力出众的科学家或科研助理能依照常规或者惯例，将所有知识，如外部统计数据通通积累下来。实际上，在如今这个充斥着项目、经费、团队和组织的时代，这一现象已屡见不鲜。许多受聘的科学家反复做着支离破碎且平淡乏味的工作，就像优秀的推销员不管自己是否喜欢那些商品，但总能成功售出所有货物，并以此为傲，也如同一匹马，套在哪辆车上就拉哪些货。

这描绘出笛卡儿哲学中认知者与认知对象之间的对立关系，

如今存在主义者仍在讨论这一问题。我们亦可称之为认知者与认知对象之间的"距离",甚至是"疏离"。从以上所述可以清晰得知,在认知者与认知对象之间,或是感知者和感知对象之间还存在其他关系。我—你知识、经验知识、来自内部的知识、爱的知识、存在认知、融合知识、认同知识——这些有的我们已探讨过,有的接下来会提到。在深入研究某个特定的人或一般的人的过程中,确实还存在其他形式的知识,这些知识实则更为有益、高效,也能创造更多真实合理的知识。若想获取更多有关人类的知识,这不失为一种绝佳途径。

经验的性质与特点[①]

禅宗佛教徒、普通语义学家及现象学家所描述的那种极其广博丰富的经验至少包括以下几个方面(笔者的资料主要来源于对高峰体验的研究):

1. 借用西尔维娅·阿什顿–沃纳(Sylvia Ashton-Warner)的美言警句:优秀的体验者能够"全副身心地活在当下",暂时忘却过去与将来。他整个人都沉浸在当前体验中,全神贯注,如痴如醉。

2. 暂时丧失自我意识。

3. 经验不受时间、地点的限制,与社会和历史无关。

4. 在充分体验的过程中,体验者与体验对象相互交融。

---

① 有关话题的论述详见(45)。

这很难用语言描述，下面我要尝试一番。

5. 体验者变得像孩子一样，更加天真无邪，更乐于接受，从不怀疑。在最纯粹的情况下，他无遮无拦，不设心防，不抱期待，无忧无虑，不考虑"应该"或"理应"，也不会依据正常、正确和合适的先验观念来过滤经验。天真的孩子会坦然接受发生的一切，既不会觉得诧异、震惊、愤怒、反感，也不会有任何"改善"的冲动。体验者若真是不假外援、无欲无求、独具慧眼、心底无私、兴味盎然，充分的体验会令他应接不暇。

6. 充分体验有个尤为重要的特征，那就是对重要与否的问题搁置不论。理想状况下，经验本没有相对重要和不重要、中心或边缘、必要和不必要之分。

7. 正常情况下不会感到担忧，也不会有其他个人想法或自私的念头。这时，体验者早已不设心防。体验如期而至，自然而然。

8. 努力、意志及压力都已不在，体验不是被迫产生的。

9. 批评、修改、资质或身份的核查、质疑、取舍、判断——这些行为都倾向于弱化，或在理想情况下短暂消失，或是有所延迟。

10. 这相当于认可、接受、被动地被经验引诱、相信体验、自由体验、没有意志、不加干预、顺其自然（82）。

11. 这一切最终要求我们抛开我们最引以为傲的理性、语言、分析以及剖析、分类、定义和逻辑化的能力，它们都被搁置一旁。它们介入越深，越是会妨碍人类的体验。这种体验更接近于弗洛伊德所说的口欲期，而不是肛欲期。如此看来，体验是非理性的，但绝不是反理性的。①

主观上主动或被动的人

运用于心理学的古典科学的弊病在于，它只擅长把人当作客体来研究，但其实人的主体地位也同样值得关注。

被动地观察自我及自我的主观过程如同观看电影。事情正发生在我们身上，不是我们让它发生。我们只负责观察，并不期待它们发生。

成为主动的主体则全然不同。我们置身其中，努力尝试，积极付出，弄得疲惫不堪。我们可能成功也可能失败，可能觉得自己强大也可能觉得自己弱小。比如人在努力回忆、理解、解决问题的时候，人在有意回想某个形象的时候便是如此。这时我们能体验到自己的意愿、能力和责任感，能积极发动，能自我控制，具有自主权，并非任人摆布、茫然无助、仰人鼻息、弱小无能、受人操纵（43，100）。显然，一些人意识不到自己有过这样的经验，或是这类经验不足，但我坚信，通过教育一般人能够有这方面的自主意识。

无论难易，都必须这样做。否则我们将无从理解个性、真实自我、自我实现以及身份等诸多概念，而且，我们也无从认识意愿、

---

① "头脑风暴"这个简单例子诠释了理性与经验的融合，这一过程允许所有疯狂离奇的想法自由呈现，然后才进行深入的批判。精神分析学的基本原则与此类似。意识和语言中出现自由联想时，医生会教病人不应回避或粉饰这些联想。这些自由联想只有大声说出来之后，才能对之进行审视、讨论以及批评。这个例子说明，"体验"是认知工具，能够发现一些其他方法所找不到的真相。

自发性、完全功能、责任、自尊和自信这些现象。我们这样不断强调人类的主体地位，最终树立起人类作为发动者、创造者、行动中心，以及施事者而非受事者的形象。

所有行为主义似乎都着力构建人类的消极形象：无助，人决定不了自己的命运，也决定不了任何事情。或许正是因为有这种终极的哲学结论，这类心理学对很多人来说完全无法接受，因为其忽视了丰富真切的体验。在此援引常识与科学知识相悖的例子——太阳绕着地球转。这个类比并不合适。我个人作为主动的主体，至关重要的体验不是被全盘否定，就是被混同为刺激—反应现象，要么被简单地斥为"不科学"，也就是不属于严肃的科学研究领域，而判断的依据就是我个人体验的客观性程度。因此我有个更加准确的类比：要么不承认太阳的存在，也就是坚持太阳实际上并不是太阳，要么直接否认太阳可以进行研究。

实证主义和行为主义的鼓吹者如果不这么彻底、教条，且坚持一元论和排外，这些错误就可以避免。毫无疑问，可以测量、记录、重复的客观运动或反应往往比主观观察更值得信赖。人们倾向于也有权利选择客观的策略与方法，这无可置疑。目前，对焦虑、抑郁和高兴的研究大多还是借助个人经历和口头陈述，没有更好的研究方法。若某天发现了可以从外部公开检测焦虑或高兴的仪器，像温度计和气压计这类的仪器，那哲学将会迎来一个新时代。这令人向往，也并非空中楼阁，我自当为之全力以赴。这相当于将数据按照可靠性程度进行等级划分，这种知识等级与"科学的发展阶段或发展层次"同等重要。①

　　这种方法非常适合问题中心取向的研究以及经验心理学、自我心理学等。可以说，这是科学领域的开放政策而非排外政策，是宽容的多元主义而不是一种"正教"。你可以提出任何问题、任何质疑。问题一旦提出，你就可以充分运用自身的智慧与才能，不受任何概念和方法论的束缚，竭尽所能去探求问题的答案与解决方法。此时，人不受规则的约束，至少不受任何先在的规则束缚。方法产生于需求，任何有用或必要的启发式概念和定义也是如此。此时唯一的要求是全力解决具体情况下的具体问题。②当然，我无意指导人们如何解决未来所有的问题，也不想对那些教条主义的科学家表达多大敬意，他们总认为，凡是父辈受用的道理就一定适合下一代。

　　我的意思并不是说，科学家哪怕自己愿意，也不能选择古典科学的观察对象和目标。有些人不愿以身犯险，那何不各自随心呢？要是乐队里的每个人都想演奏双簧管，那乐队将难以维持下去。同理，如果科学家都研究同一个问题，采用同一种方法，奉行同一

---

　　① 有人曾无意戏称某书"对女性性行为这一未知难题进行了直率、大胆、严谨的研究"。是否可以更清楚地说，"知"在这里具有特殊意义——是人选择的意义，而不是唯一可供选择的意义？就经验层面而言，人们所知最多的就是女性性行为。还有什么现象能比这种行为更能引发好奇心、猜测和个人关注，促使人进行细致的调查，开展理论研究呢？没有亲身体验之前，口头描述有什么用吗？这个例子也有力地证明，经验知识优于抽象知识，但仅有经验知识是非常局限的。如果"知"指的是共享、有关公开、结构化及条理清晰的知识，上述的说法则是可以成立的。实际上，女性性行为的"发达的科学知识"屈指可数，尽管获得这方面的知识可能并不难。

　　② "就其本身而言，科学方法无非是不择手段、殚精竭虑而已。"［珀西·布里奇曼（Percy Bridgman）(8)］

理念，科学也会遭受重创。显然，科学需要协作与分工，单个个体没有责任也没有能力负担起整个任务。但这不是问题所在。真正的症结是倾向于将个人喜好神圣化，将之拔高为所有人的规范，在于坚持培养一种普遍而又排外的关于知识、真理与人性的理念。这很难解释清楚，我之前与一位只吃坚果和卷心菜的女士争论的时候就发现了：所有的争论都是无用功，因为她已经认定我对坚果和卷心菜有偏见。或者我们分享另一位男士的困惑与不解，也可以说明同一问题。这位男士生日时收到母亲送的两条领带，他戴了一条，本想讨母亲欢心，却反被问："你为什么不喜欢另一条？"

令人失明的知识

马斯洛艺术测试由我与妻子共同设计，通过测试人对艺术家艺术风格的感知来检测人的整体感知与直觉，这一测试可用来解释上述问题（55，57）。我们发现，艺术生掌握的知识、专业艺术家掌握的知识等，这些"艺术知识"对测试时而有利，时而不利。感知"艺术"更好的方法不是分析或剖析它，而是要乐于接受，并从整体上和直觉上去感知它。比如目前有证据表明，快速反应比细致严谨的长期研究更易成功（57）。

我认为，可将整体性进行全面感知的先决条件称为"经验上的纯真"，这是一种即时体验的意愿和能力，而无须借助其他认知方式。这意味着我们克服一系列冲动，不再标签化，不以认知取代感知，不把对象分割为元素，不再细化剖析。毕竟整体性贯穿于整体，整体一旦被肢解，它也就不复存在了。

因此，那些只懂得艺术分析、艺术还原、艺术分类和艺术史的人，其感知和欣赏艺术的能力就会略逊一筹。必须承认，纯粹的分析式教育可能会削弱我们天生的直觉（传统的数学"教育"便是个典型例子，它最终蒙住了孩子的眼睛，使他们看不到数学的美和奇妙）。每个知识领域都存在这种"失明的认知主体"——对花的美视而不见的生物学家，令孩子退避三舍的儿童心理学家，讨厌有人来借书的图书馆员，屈尊俯就诗人的文学评论家，还有上课枯燥乏味的老师，等等。有些博士是手持证书的"傻子"，是缺少情趣的伪学者，他们发表文章仅仅是为了保住饭碗。在一次聚会上，有个女孩与另一个女孩悄声议论这样的人："他这人太没劲，除了事实，别的什么也不懂。"一些艺术家、诗人和极为依赖感觉、情感、直觉和冲动的癔症患者，还有一些宗教人士和神秘主义者往往会就此止步。继而他们便会否定知识、教育、科学和智慧，认为它们扼杀了本能感觉、天生直觉、自然虔诚和朴素的洞察力。对理性的反对和质疑远比我们认识到的严重，甚至在知识分子中也是如此。比如，我觉得它是导致我们文化中男女之间相互误解的一个原因。近些年的历史表明，理性已经膨胀为贻害无穷的政治哲学。

正统、机械的分析性科学无力反驳这些指责，因为其中不无道理。然而，更具包容性的科学却能应对这些谴责，这种科学融会了具体的、经验式的、道家式的、全面的、整体的、个人的、超越的、终极的知识，等等。

我们的艺术测试便是一个例子。假如进一步的研究能够证实我们的第一印象，那就说明教育和知识也能提高人的洞察力、直觉和感知风格的能力。他们所掌握的用语言表达的抽象、合法和一般性知识会以某种方式影响其个人体验。知识能够增强他们的感知，并使他们的感知更加丰富、复杂和愉快。在极端情况下，知识还能增强现实的超越性、神圣性、神秘性、奇迹性、可敬畏性及终极性。以前人们认为，圣洁仅仅意味着天真和单纯，现在才发现它跟学问与知识也不无关系，至少包括了我说的那种较具包容性的知识（这一观察、假设或猜想来源于自我实现者研究和心理治疗效果研究，与艺术测试无关）。

这些贤哲集智慧、善良、洞察力和学识于一身，并保留了一份"经验上的纯真"、一种"创造性态度"（45）以及孩子一样的好奇心，他们不抱有预期，也不知道将会看到什么。我尝试研究这是如何发生的（45，47），但这种将抽象的知识转化为丰富经验的能力仍然不得而知，这个复杂的问题值得深入研究。更大的问题是：知识何时在隐瞒事实，何时又在揭示事实？

经验的"证据"

在经验领域，"证据"一词是什么意思呢？我该如何向别人证明，我此刻正在切身经历，比如，如何证明我被深深地感动了，又如何从外部进行验证呢？当然，如果我正真实、生动地经历着什么，它自然是真实合理的，但是如何向别人证明呢？有没有大家都能认同的外部特征，该如何对其进行描述、分享、测量及表达呢？

在这方面有一些特殊困难。许多人认为经验无法形容、难以传达、不可名状，科学家很难进行研究。这些困难通常是抽象世界的，不属于经验世界。某种类型及程度上的交流分享是有可能实现的，但这和化学家之间的交流有所不同。有些时候，理论的、明确的言语交流可能不如比喻的、诗性的、美学的原始处理技巧有效。

第七章　抽象和理论化

　　前面我已经阐明，跟抽象知识相比，经验知识具有相对的优势、必要性和先在性，现在我再来阐释一下抽象知识的优势、好处和必要性。到目前为止，我的基本观点已经明确。如果不以经验为基础或与经验相结合，而是跟经验直接对立，以此为基础形成的二分的、纯粹的抽象知识是非常危险的。可以这么说，与经验知识相对立的抽象知识是错误的、危险的，而建立在经验知识之上，并与经验知识体系相结合的抽象知识才是人类生活所必需的。

　　抽象性来自对经验的所有梳理、阐释，以及对经验知识的所有格式塔式的系统化整理，只有这样才智有限的人才能掌握并且理解全部经验知识，而不至于不知所措。同样，我们对独立事物的即时记忆容量为七至八个，此外，我们也知道，一次即时感知能感知和掌握六组、七组或八组独立的事物。这是我能想到的对诸多事物进行整体性层级划分的最简单的例证。如果使这种分组越来越具有开放性，人（尽管才智有限）最终有可能在一种统一的感知中掌握整个世界。与此形成鲜明对照的是这些独立事物完全处于无序状态，混沌不分，毫无章法，无法以类聚集，彼此也没有任何关联。从某些方面来看，这或许是新生儿面临的世界，从另一方面来看，这也是神经兮兮的精神分裂症患者经历的世界。

总之，不论时间长短，这样混乱的世界几乎都很难被接受或容忍（尽管短时间内可能是一种享受）。何况还必须务实地活在这样的世界上，生存下来，与其打交道，并跟它保持往来。所有手段—目的关系，所有对目的和手段的不同看法，皆属于抽象的范畴。纯粹的具体经验不以任何方式对经验进行区分，当然也不会根据手段和目的的相对重要性或相对等级来对经验进行区分。我们对现实经历的所有分类都是抽象的，对相似性和差异性的所有认识也都是抽象的。

换言之，抽象对于生活本身来说不可或缺，对于充分发展的最高人性来说也同样至关重要。自我实现必然意味着抽象。倘若没有符号、抽象化和语言的完整体系，即语言、哲学和世界观，人类的自我实现是无法想象的。

抽象与具体的截然二分已经遭到了批判，抽象与具体和经验的系统结合也未能幸免，但绝不能把这两种批判混为一谈。在此，我们可能会联想到哲学的当下处境。以克尔凯郭尔和尼采为主要代表，他们驳斥的不是一般哲学，而是庞大抽象的哲学体系，因为这些体系长久以来已经脱离了实际生活经验的基础。在很大程度上，存在主义和现象学也同样批驳了这些庞大的、语符的、先验的、抽象的整体哲学体系。这是回归生活本身的一种尝试，也就是说，回归具体经验，所有的抽象必须基于具体经验才可能保持生命力。

在此，区分"经验的概括或理论"和"先验的概括或理论"将大有帮助。前者仅仅试图组织和统一经验知识，以便能为我们有限的智力所理解，而先验理论则并不致力于此。先验理论完全诞生于人的头脑，既不依据经验知识也不参考未知领域，而是自行发展。一般情况下，先验理论会被视为一种必然。但实际上，它否认了人类的无知，从而铸成大错。真正的经验主义者或具有经验主义思维的普通人总能认识到自己了解什么、不了解什么，也知道自己的认识只是相对可靠，而且认识的有效性也有程度上的差异。经验理论具有真正意义上的谦逊的品质，而经典、抽象的先验理论则无须谦逊，并且它可能经常傲慢自大。我们或许可以这样认为：抽象理论或抽象系统具有功能自主性，因为它脱离了自身的经验基础，而抽象理论本应解释、梳理这些经验，并发掘这些经验的意义。之后，抽象理论作为理论本身继续存在，能够自圆其说，并且能自行发展。相反，经验理论或经验系统仍然和经验事实相联系，它将经验事实整理为一种容易驾驭、便于把握的统一体系，并且与这些事实保持密切联系。因此，一旦出现了新知识，经验理论或经验系统能轻而易举地实现转型和自我调整。也就是说，如果它旨在解释并整理我们对现实的认识，那么它就必须是变动的，因为我们对现实的认识在不断变化，要想适应这种日新月异、不断发展的知识基础，它就必须加以适应、灵活变通。经验理论和事实之间存在一种相互反馈，这种反馈在具有功能自主性的抽象理论或抽象系统中完全缺席，因为抽象理论或抽象系统能够自发生成。

为了对上述区别做最后补充，我参考了先前的一对区别性概念，即戈尔茨坦所说的"还原到具体"（22）和我所说的"还原到抽象"（47）。下面我将对比这两种还原和一项研究发现，即自我实现者的典型特征是兼具抽象性和具体性。

我可以进一步探讨整个问题。从某种意义上来说，我认为接受经验的先在性和逻辑上的优先性就是经验论的翻版。科学的开端和起源之一便是坚决不依靠信仰、信任、逻辑或权威来认识事物，而是靠亲自核验、亲眼观察。经验证明，逻辑、先验的必然性或亚里士多德的权威实际上经常不起作用。由此不难总结出以下经验教训：必须亲眼观察事物的本质，即亲身体验它，这是万事万物的开端。

儿童的经验观或科学观的发展或许是个更好的例证。这时最重要的指令便是"让我们自己去寻找"或者"去亲眼观察"。对孩子来说，这种指令与他们对信仰的依赖相去甚远，无论这种信仰来自爸爸妈妈，还是老师或课本。如果说得更严厉些，这话便成了"不要相信任何人，用你自己的眼睛去观察。"又或者可以委婉地表达为："多加核验总没坏处。感知存在个体差异，同一件事有些人这样看，而你可能那样看。"这等于在告诉孩子，自己的认知才是"终审法庭"。如果经验态度还有意义的话，那它至少意味着这一点。首先从经验意义上"认识"，然后核验感觉和经验知识的错漏，最后进行抽象化和理论提升，即正统科学。事实上，可以认为客观性这一概念本身（需要公开、共享知识，在未经过多人确认之前绝不盲信）诞生于更为复杂的主要经验法则，即根据人自身的经验去核验。这是因为公共知识实际上就是多个人根据经验对你个人报告的经验所进行的核查。如果你在沙漠中意外发现了一些矿藏或奇异动物，你的经验知识也许千真万确、合情合理，但是你很难期待他人出于对你的信任而完全相信你。他们有自己观察的权利，也就是说，他们有权利获得最终有效的经验知识。这就是客观的公众核查，即"亲身观察"的拓展和延伸。坚持经验理论优先于先验理论或体系，进而坚持经验理论与事实并重，直至结合为一体，这有助于区分经验主义者和教条主义者。例如，马克斯·伊斯门（Max Eastman）在自传中把自己跟苏联知识分子进行了对照，称自己为"庸俗的经验主义者，认为社会主义是一种假说，一项必须进行尝试的实验"。他和苏联理论家在一起时倍感不安，因为他从这些理论家身上感受到的是"一种神学氛围而不是科学氛围"。基于同样的原因，我也曾批判过宗教体制（48）。由于这些宗教体制大多自称属于神启信仰，也就是说，它们基于原始先知们主观构建的完美、终极的绝对真理，那么显然再没有什么需要学习的了。这样一来，也就无须襟怀开放，无须核验和实验，甚至无须加以完善（因为它已经尽善尽美了）。

这种先验态度与经验态度形成了据我所知最为鲜明的对照，但先验态度以一种更为温和的形式广泛存在，或许可以认为，它几乎在普通大众中普遍存在。我甚至认为，连专业科学家都未能幸免。经验态度本质上是一种谦逊态度，但很多科学家只在自己的专业研究领域内才会保持谦逊。一旦出了实验室，事关科学本质时，很多科学家就像神学家一样，以所有的先天信仰和预判为依据进行攻讦。我认为，这种谦逊是经验态度或科学态度的一种规定性特征，它包括能够承认自身的无知，并能够承认人类对很多事物都一无所知。承认无知会带来一种必然的结果，原则上会使你愿意并且渴望学习。这意味着你开放、包容，而不是闭目塞听。这意味着你可以有所好奇，而不必无所不知。当然，所有这些都意味着，和那些无所不知之人的静止世界不同，你的世界会持续地稳步发展。

至此，我已经远远偏离了我的出发点。我本来只想在知识和科学领域中为经验数据博得一席之地。但是我相信，尊重经验数据最终会强化经验态度，从而强化科学，而不是弱化科学。经验数据拓展了科学的领域，因为它相信，人类的心智应该海纳百川，接受生活的方方面面。

第八章　综合科学和简化科学

在科学家（在我们看来，现在的科学家需要认识一切现实，而不仅仅是大众的共识）所能了解的现实世界里，将主观经验纳入其中至少会产生两种后果。一是经验知识的直接性与我所说的"旁观者知识"的距离感之间有了明显差异。二是认为科学工作有两个方向、两个极点或两个目标：一是趋向完全的简化和精练，二是趋向全面的综合和包容。

在我看来，如果科学有基本法则，那便是承担责任，即承认和描述所有的事实、一切存在的事物以及任何真实的东西。首先，科学必须是全面的、包罗万象的。科学的领域必须涵盖一切，甚至包括它无法理解或解释的事物，还有那些缺乏理论支撑，无法测量、预测、控制或者规范的事物。它必须接受一切矛盾的、不合逻辑的、神秘的、模糊不清的、模棱两可的、久远的、无意识的和现存的所有难以言说的东西。理想情况下，科学是完全开放、无所不包的，不设准入条件。此外，它应当涵盖所有层次或阶段的知识，包括不成熟的知识。知识也有胚胎期，不仅仅具有最终形态和成熟形态。不可靠的知识也是知识的一部分。不过，在这一点上，我的主要意图是将主观经验纳入这个无所不包的存在领域，并探索其引发的一些根本性变化。

当然，这类知识往往不太可靠，不易传播，并且难以衡量。而科学无疑是朝着更加公开、更加"客观"的方向推进的。在前进的道路上，有我们共同追求、共同分享的确定性。通常来讲，这也是技术进步的必由之路。如果我可以找到衡量幸福或焦虑的某种外部指标，那我将感到无比幸福。不过，即便是现在还没有这样的测试条件，幸福和焦虑也依旧存在。那些否认这种存在的观点愚蠢至极，我已不屑与之争辩。如果有谁说我的情感或欲望不存在，那无异于说我不存在。

这种突破一旦完成，这些经验数据作为知识，继而作为科学（综合意义上）的地位一旦得到认可，我们就会面临许多真正的问题、困难和悖论。一方面，从哲学和科学的角度来看，我们似乎必须从经验出发。对于个人而言，恰恰是某些主观经验才是所有数据中最确定、最真实、最不容置疑的。如果我是精神分裂症患者的话，这种情况尤其适用。如此一来，我的主观经验就成了唯一可靠的事实了。但精神分裂症患者并不满足于自己的主观世界，会不顾一切地去接近并依附外部世界。同样，我们也一直试图认识并生活在心灵之外的"现实"世界，几乎生来便是如此。我们需要从"认识"一词的各个语义层面来了解这个世界。心灵世界太波澜起伏，太诡谲多变，我们常常无法预料。显然，"心灵之外"发生的事情对它影响颇深。

无论是自然世界还是人的社会世界，它们都在呼唤我们走出自己的内心世界。生命伊始，我们便和母亲彼此深深依恋，与此同时一种自我之外的现实也慢慢开始成型。通过这样的方式，我们开始区分自己与他人共享的主体经验和自己特有的经验。正是这个世界与我们最终称之为外部现实的共享经验相互关联，这个世界发生和存在的一切都是你我所共知的，能在同一时间给你我带来相同的体验。从种种意义上来讲，这个外部世界是独立于我们的愿望、恐惧和意志的。

总体而言，科学和知识可以看作对所有共享经验的一种汇编，一种提炼，一种建构和组织。科学就是通过统一和简化的方式，使我们得以领会这些经验，并且使这些经验更易于理解。这种一元论的倾向，这种趋向简约的压力，这种渴望通过零散的算式推导出统一公式的意愿，已逐渐被视同为科学和知识的代名词。

对大多数人来说，科学的长远目标、直接目的，以及它的理想和明确的本质，仍然是它普遍适用的"定律"、考究且"简练"的数学公式、纯粹且抽象的概念和模型、终极且极简的元素和变量。因此，对他们而言，这些终极的抽象便成了最真的现实。现实存在于表象之下，是推理而不是感知的结果。蓝图比房子更真实，地图比疆域更真实。

在此我要说明，这只是科学发展的一个方向，是它期待达到的一种极限。另一个发展方向是全面性、整体性，是接受所有具体的经验，所有原原本本的现实，品味每一事物充盈和丰富的美感而无须抽象。我避免过度具体化，同样也避免过度抽象化[①]。我要再次提醒各位，任何抽象化都会丧失某种具体的、经验的、现

---

① "……对科学领域的任何限制，对求知方法或视角的任何武断的制约，科学都应该坚决反对。

"虽然行为主义曾做过一些有价值的贡献，但我相信时间将会证明，它带来的局限也会产生不利影响。在我看来，仅仅考察可观察到的外部行为，从而把整个内在意义、目的、内在经验完全排除在外的做法，无异于在面对人类世界的伟大领域时选择视而不见……

"相反，我所说的这种趋势将试图直面心理领域的全部现实。它不再限制和阻碍科学研究，而是将研究的范围扩大到全部人类体验。"（65，80）

实的东西。同样，我也想提醒各位，人生在世要想活得通透、不迷失心智，抽象是必不可少的。针对这种两难的局面，我为自己寻到了一个行之有效的解决办法，那便是意识到自己是在抽象化还是在具体化，做到两者兼顾，不厚此薄彼，并知晓各自的利与弊。怀特海（Whitehead）的建议是,我们可以"力求简化,并质疑简化"。将经验数据视为科学数据会产生问题，但如果我们能同时接受科学世界和经验世界，很多问题都会迎刃而解。一方面，我们仍然拥有传统的科学世界，将多重经验整合起来、组织起来，使之走向简单、经济、简约、精练和统一。另一方面，我们也接受主观的经验世界，承认它们的存在，将它们视为现实的一部分，认为它们值得关注，而且存在某种理解和组织它们的可能（认为存在即真实，不否认任何现实，即使这一现实无法理解、无法解释或者无法言表，这与科学的基本法则大相径庭）。

如此说来，科学有两个方向或任务。科学既会向着抽象性（一致性、简约性、经济性、简单性、统一性、规律性、可理解性）发展，也会走向全面性，走向体验，描述一切事物，接受一切存在。因此我们可以探讨两种现实，包括诺思罗普在内的很多人都曾探讨过（58）[①]。经验世界存在着，并且包含一切经验——体验的、现象的或者审美的经验。另一个世界，是物理学家、数学家和化学家的世界，是抽象、规律和公式的世界，是假设系统的

---

① 从诺思罗普的种种著作中，我们可以总结出两种说法来描述这两类知识或现实。一方面是假设的概念：事物的理论组成，理论连续体，理论认识，科学认识，推论，理论推理，推论事实。与之相对的是通过观察或直觉得到的概念：事物的美学组成，美学连续体，难以言说的、纯粹的事实呈现，短暂的感觉数据，经验认识，印象认识，直接理解，直接经验，纯粹事实，纯粹经验，切身经验，纯粹观察，感官特征。

世界。该世界本身不具有直接经验性，而是建立在经验世界之上，并从中演绎出来的，它努力去理解经验世界，认识其背后的矛盾，并试图组织和建构经验世界。

物理学家的抽象世界会比现象学家的（经验）世界更"真实"吗？我们为什么要这么想呢？真要说起来，这种见解不堪一击。此时此地存在的东西和我们切切实实经历的事物，肯定比公式、符号、标志、蓝图、词语、名字、图式、模型、方程式等更直接、更真实。就此而言，此时此刻的存在要比它的起源、它的假定组成、原因或前身更为真实，它在经验上比它的还原形式更真实。至少，我们绝不能将现实仅仅定义为科学的抽象。

经验理论和抽象理论

这种从综合到简单的连续统一体可以帮助我们更好地理解"经验理论"和"建构理论"或"抽象理论"之间的重要区别。前者更多地表达了科学致力于综合而做的努力（与此同时，它也对多样化的科学进行了组织和分类，更易于一般人理解）。从本质上来说，这种努力是为了梳理事实而非解释事实。

林奈氏（Linnaean）分类系统就是一个典型的例子。在我看来，最初的弗洛伊德体系也是一个"经验理论"。对我来说这似乎更像是一种分类方法，甚至可以看作一个文件系统，所有的临床发现都可以在其中找到自己的定位。

抽象（或者建构）系统不同于经验理论，很大程度上取决于自己的体系特征，而不是它在多大程度上忠实于事实。从原则上讲，它不一定非要和事实有关，它可以是任意的建构，比如非欧几里得几何学。就此而言，一个科学的理论就像一位数学家精彩的解题步骤：极尽简洁，并按照预期一步步推导出理想的方程式。抽象理论就像一个完备的逻辑体系，遵循着自己的既定规则，它不一定是有用的，也没有必要一定有用。这种"纯"理论的诞生往往先于事实，就像一套奇怪的衣服，一开始可能是为了某种虚幻的、不存在的物种而设计的，后来可能突然有了其他某种始料未及的用场，或者像是偶然合成了一种化学药品，之后人们才去寻找并有可能发现它的用途（"我发现了一种新药，可是治什么病呢？"）。

一个好的经验理论可能是一个不成体统的抽象理论，自相矛盾、错综复杂、语无伦次、叠床架屋（而不是彼此没有交集的）、界定不清。经验理论的宗旨就是把一切事实都纳入自己的理论体系之内，即使结果可能一塌糊涂。

一个好的抽象理论更强调科学的简化和梳理功能。

换言之，我们在此看到了科学在理论建构领域中的双重任务。一方面，理论必须接受并描述"事物的存在方式"和世界真实的样子，不论理解与否、有无意义、能否解释，事实必须先于理论。另一方面，它也朝着简洁、统一和精准的方向稳步发展，一步步演化为精练、简单和抽象的公式，以期说明现实的本质、架构和极简形态。[①]最终，好的理论在这两方面可以齐头并进，或者至少会致力于此。或者更准确地说，一位优秀的理论家能够两者兼顾，并从中获得同样的满足感，尤其是水到渠成的时候。任何科学理论不仅具备作为"好理论"该有的系统性，而且具有经验性的决定要素。也就是说，它不仅试图成为一个科学的理论，而且也尝

---

① 比如地图、图形、公式、图解、方程式、示意图、蓝图、抽象艺术、X射线、纲要、缩略、摘要、总结、符号、标志、漫画、草图、模型、骨架、计划、图表、菜谱。

试着去描述和梳理事实。它既如实地反映现实,也试图主要通过简化和抽象化等手段使其更易于理解。

如果我们能完全接受任何科学理论的这种双重属性,那在处理一些像精神分析一样粗浅的经验理论时,会少很多麻烦。弗洛伊德学说主要是大量经验的描述,远远算不上一个形式化的、完备的理论。虽然它形式上并不完备,也不符合"假设—演绎"法,但毕竟系统且准确地描述了大量的临床经验,相比之下,它的理论不足就显得无足轻重。人们最先关注的应该是经验的准确性和真实性,而不是理论描述如何简炼、如何抽象。我认为,大多数业内人——有相关经验和受过训练的人都会同意,弗洛伊德的临床描述大部分是真实的,即他收集的"事实"基本上都是真实的。即使他创建某些宏大理论和"体系"的具体尝试仍有待商榷或者遭到拒斥,也不会影响事实的真实性。

因此,科学家的第一要务就是描述事实。如果事实与一个"完美体系"二者不可兼得,应当舍弃体系,保留事实的真实性。事实应先于体系化和理论化。为了避免在"何为事实"这一问题上过于纠结,我们换种说法:科学家的首要任务就是去真切地体验存在。可这样一条真理却总是被人忘却,实在匪夷所思。

体系属性

如果我们能够认识到"体系属性",也就是理论的、抽象的思维结构中的固有属性,只适用于科学思维的简化方向,那么科学世界里的诸多困扰便可以迎刃而解。这种属性不适用于全部的经验世界,因为在完整的经验世界里,科学的唯一要求是接受存在的东西。在经验的领域里,经验有无意义、是否神秘、有无逻辑、是否矛盾统统无关紧要，也不要求经验有架构、有组织、可测量、可衡量或者以任何方式与其他经验相一致。在这里，理想化的终极目标是不带偏见、全神贯注地体验原原本本的经验现实。任何其他过程或活动都只会损害经验的全面性、真实性，进而干扰对这种真理的感知和领悟。

理论体系或抽象体系的理想模型是一个数学体系或逻辑体系，比如欧几里得几何学，或者洛巴切夫斯基（Lobachevski）几何学和其他非欧几里得几何学之一。后者更加符合我们的意图，因为它们更加独立于现实，也就是更加独立于非体系决定因素。除了真理、现实和真实性之外，如果一个理论内部一致、包罗万象，而且精简、凝练、精准，那么我们便可以说这是一个"科学的"理论，并且它越是抽象，理论水平便越高。理论中的每个变量或独立部分都有一个独一无二的专属名称。此外，理论是可以界定的，我们能够准确地说出它是什么，不是什么。理论的完美之处在于，能够用一个单一的数学公式将体系中的一切事物高度抽象地包罗进去。每个陈述、公式或者方程式都只有一个单一的含义（不同于修辞或绘画），向每位旁观者传达的都是相同的意义。一个科学的理论无疑是一种概括，是对大量甚至无限多个独立事物进行分类、组织、建构和简化的方法。它指的不是某一经验或者某一事物，而是诸多事物或经验的范畴或类型。

理论建构本身也是一种游戏，一种与现实毫无关系的智力练习。一个人可以创造一种理论，从完全任意的定义出发，进行完全自主的操作，然后按部就班地演绎或推导出结论，以此来阐述某类对象、事件或者某个想象世界。许多"科学"词汇和概念皆出自此类体系。定义，尤其是"精确严格的定义"是属于抽象世界的，是一种体系属性。它和原原本本的经验现实完全没有关系，并不适用于经验世界。泛红或疼痛的经验就是它自身的定义，就是它的感受和它自身。它就是它自身，就是自己本来的样子。任何分类过程最终都是如此，总是指对某种具体现实经验的超越，一切抽象过程概莫能外，按其定义，抽象就是对经验现实进行取舍，有所扬弃。相反，充分体会一种经验则需要毫无遗漏、照单全收。

因此，"规律"和"秩序"也是体系属性，"预测"和"控制"亦如此。任何"还原"都是在理论体系内发生的。

体验与标签化

很久以前我就得知，我的艺术家妻子对我作为科学家的分类癖好感到恼火。例如，在聊天时我会话锋一转，突然问起我喜欢的某种花、鸟、树的名字。似乎我并不满足于单纯欣赏和享受眼前之物，而一定要对之进行一番理性思考。如此一来，我便不再琢磨，不再沉醉于"事物的本来面目"了。我将这种代替了真实感知和体验的分类过程称作病态的"标签化"（38），这意味着组织和统一纯粹经验世界的"正常"或"健康"的努力也病态化了。

读者或许可以从我的错误中获益。我发现自己在画廊里也时常"标签化"：关注的是作者姓名而不是画作本身，不是真正在欣赏作品，而是进行分类。比如，"没错！是雷诺阿的画，一看就是雷诺阿的手笔，没有什么特别的，一眼就认出来了，也没有吸引人的地方，没必要再研究了（因为我早就"知道"它），也没有什么新意，下一幅是什么？"有一次，我第一眼就看到了一幅精美绝伦的画作——是真正在看，而且真心喜欢——后来惊讶地发现，它竟然出自庚斯博罗（Gainsborough）之手，一个"过气"的画家！我想，如果我先看到的是作者的名字，那我或许就不会再关注这幅画了，因为在我大脑中早已先验地将庚斯博罗分类归档，认定他的作品无法给我带来享受，因而不值得一看。

　　一次难忘的经历让我深受启发，认识到一只知更鸟或者蓝松鸦这种普通的小鸟也是这般美丽、这般神奇，一如所有稀有的鸟儿那样美好。至于如何判断普通，则无关经验本身，也无关经验的本质。这样的判断可能抹杀并忽略了经验。也就是说，这可能是一种自我蒙蔽。第一次或最后一次（假如是最后一次）看到的日落、橡树、婴儿或美丽少女都是一种奇妙的、不可思议的、无法比拟的奇迹，任何杰出的艺术家和善于体验的人都能感受到。凡是有头脑的人都能意识到，比起文件柜里的理论世界，一个奇迹满满的真实世界更加妙趣无穷，司空见惯的奇迹仍不失为奇迹。他们能够轻而易举获得这种新鲜的初次体验。

　　不论是一般的认知主体还是科学家认知主体，都应该明白这样一条中肯的（格言式）道理：经验不足无异于双目失明，任何想成为科学家的人都无法承受。经验不足不仅剥夺了他从科学中享受到的乐趣，而且有可能使他沦为一个低能的科学家。重新审视自身的标签化倾向之后，我悟出另一个道理：我无须为了"组织—整合"而反对"体验"，也不必将美学和科学对立。我知道，只要我不用科学知识取代真实体验，它便只会令我的体验更加丰富，而不会使之枯竭贫乏。如果我们认同"先观察，后认识"的模式，那么学识丰富的体验者往往比无知的体验者更享受体验过程。如果现在我们做一补充——再次观察，我们将会看到，我们的认知体验变得更富有成效、更趣味横生、更丰富多彩、更神秘莫测、更妙不可言。

　　好在"真正的体验"只要是完整的，或者足够神奇，就能引人入胜、令人陶醉。即便有时会伴随痛苦和悲伤，也往往让人乐在其中。无论如何，与简单的标签化相比，真正的体验常常更令人赏心悦目。标签化是对非直接经验进行的重组、分类及归档，干瘪枯涩，了无生气，只能提供低层次的快感，鲜能带给人真正的乐趣或欢愉，充其量只是一种暂时的调剂，而不是积极的享受。一旦陷入这种标签化的"认识"状态，不仅看不到眼前的世界，整个人也将郁郁寡欢。

第九章　具体意义与抽象意义

我从上述阐述中得到了一点重要的意外收获，那就是"意义"这个概念对我的启发。一般来说，我们这些哲学家和科学家都认为，意义能将大量混乱和无意义的事物进行整合、协调、分类和组织。这是一种格式塔式的、整体性的活动，是一种整体的创造。这一整体和它的各部分因此有了以前所不具备的意义。"把经验梳理成有意义的模式"意味着经验本身没有意义，而是被梳理者创造、强加、赋予了意义，这种意义的赋予是一个积极主动而非被动接受的过程，意义是认知主体给予认知客体的礼物。

换句话说，这种"有意义的特征"属于分类和抽象的范畴，而不是经验的范畴。它属于经济、简化的知识和科学，而不是完全描述性和综合性的知识和科学。我经常会感受到一种暗示，即意义是"人类创造的"，也就是说，如果人类消失了，那么意义大多也会消失。而这反过来又促使我将"人为的意义"等同于这样一种潜在的含义：没有内在意义的事物（现实、自然、宇宙），必须披上意义的外衣，如果人类做不到，那么就必须由神灵来做。

这种根本性的机械论世界观可以通过两种不同的方式来反驳。第一种方式就是效仿许多当代作曲家、编剧、诗人、剧作家和小说家（还有一些哲学家）的做法，那就是在心烦意乱之后，再极度热情地接受,揭露生活的极端荒谬和毫无意义,即兴地绘画、写作或谱曲,颠覆意义,就当它是陈词滥调,高谈"人类的任何决定都具有不确定性和随意性"。[①]对他们来说,意义本质上是一种指令,是一种没有原则、没有要求的任意决定,是一种不可预测的、偶然性的意志行为。生活变成了一系列的"事件",本身毫无意义,亦无内在价值。这样的人很容易走向怀疑主义、虚无主义、相对主义,变得冲动、不分好坏、不辨善恶。总之,他变成一个没有价值观的人。如果他的血管里没有生命的汁液在奔涌,他最终将喋喋不休地鼓吹绝望、痛苦和自杀。这就等于说"好吧!我必须接受这个现实——生活毫无意义。我的生活必须完全依靠任意的决定。除了盲目的愿望、幻想和冲动之外,我不能相信任何事情,不能有任何信仰。这些愿望、幻想和冲动除了自身难以克制之外没有任何存在的理由。"当然,这是我所见过的最极端的态度,但是这种态度的逻辑后果就是如此。

但这种转变还可以有另一种全然不同的解读,即视为时代精神的一部分,视为长达一个世纪的反抗——反抗宗教、经济学、哲学、政治学,甚至科学等抽象"系统",因为这些已经远离真正的人类需求和经验,看起来就像——而且往往就是——极度的虚伪和合

[①] 一位采访者向《去年在马里昂巴德》的编剧阿兰·罗布-格里耶(Alain Robbe-Grillet)坦白,自己没有完全理解这部电影。这位作家听了笑着说:"我也是。"当然,这种反应现在算是稀松平常了。我认为,有时承认自己的艺术作品缺乏有意识的意义构建,甚至暗示这个问题本身已经过时,其实是一件"很潮"的事,甚至值得骄傲。这种故意摈弃或颠覆意义的做法,有时似乎象征着摧毁现有的机构、权威、传统和习俗(它们的虚伪似乎是理所当然的)。不管是有意还是无意,这种做法的本意是抨击虚伪,是为自由和真实而斗争。就好像一个谎言正在被戳穿。这种明显的二分态度在系统性综合(hierarchical-integrative)的态度面前很容易就败下阵来。

理化。这种态度和陀思妥耶夫斯基及尼采的格言如出一辙：如果上帝死了，那么就无所不可了。从另一个角度来看，这是所有传统的、非人类的价值体系崩溃的后果之一。在这之后，这种价值体系只剩下一个出路——转向自我，回归经验。这只证明，我们需要意义，因为当我们认为没有意义的时候，我们就会绝望。

从积极方面看，我们可以称它为纯粹经验的回归。纯粹经验是所有思想的起点，当抽象和体系让我们失望时，我们总是会回归到纯粹经验，然后我们会更充分地认识到，许多事实的终极意义其实就是它们自身。纵观人类历史，被迫走向怀疑论的人尝试恢复曾经的天真，回到原点，在一个更坚实、更确定的基础上重新思考一切，在动荡时期扪心自问：他们是否真正相信什么。人生中总有一些时候，小修小补似乎徒劳无功，倒不如将整个建筑夷为平地、从头再建更容易。

另外，再考虑到人类普遍受到的诱惑——二元对立，二择其一，要么选择经验的具体性（将任何抽象统统视为天敌），要么选择抽象性、合法性和体系化（将具体经验视为合法性的对立面而将之摒弃）——这些极端立场就是二分法导致的病态后果。我们认为，这些做法是愚蠢的、不必要的，甚至是幼稚无能、无法包容（1，2）或无法协作（49，51）导致的后果。

正如我们所见，承认并利用具体性和抽象性二者的优点并不困难。事实上，真正的理智和人性要求对两者能兼收并蓄。因此，我打算探讨两种意义，它们相互补充而非相互排斥。我称它们一个为抽象意义，一个为具体意义，并指明前者属于分类和抽象的范畴，后者属于经验的范畴。我更喜欢我自己的说法，而对于另一种同样可能的表述，即玫瑰的香味是无意义或荒谬的则不敢苟同，因为对大多数人来说，后面这种说法令人厌恶，是规定性的，因此可能导致病态的误解。

在语言、绘画、电影和诗歌中，这两种意义引发了两种交流和两种表达，甚至再次向我们表明科学的两项任务：一是充分承认、接受和欣赏具体的、原始的经验；二是将这些经验汇集起来，找出它们的异同、规律和相互关系，并构建体系。这种体系表达简明，能把诸多经验提炼成一个公式（或"定律"），以便我们掌握。

但是，这两项任务或目标是相互关联的，割裂它们必然带来危害。我们也不能非此即彼、非黑即白，因为如此一来我们得到的将是残缺的"简化到具体"和残缺的"简化到抽象"。

两种理解与解释

关于意义的这两种理解进一步澄清了理解、预测和解释等词语。真正"科学"的人使用这些词语时不同于理想的直觉型的人。对于前者来说，理解的深入通常来自并意味着简单化的趋向。这种态度更加一元论，更接近统一性，是对复杂性和无序性的简化。这种态度认为，"理解"和"解释"正是因为这种多样性和复杂性才出现的，是为了让它们容易理解。例如，它将卷心菜和国王整合进某一整体的组织、某种统一的联系当中，而不是任其各自为政，仅用来进行自由思考。

对这样的人来说，"解释"和"理解"都具有简化效果，因为它们缩减了必须掌握的变量的数目，也因为跟纷繁复杂的表象相比，表象世界之下的解释性理论更加简单，也更加真实。这是一种对表面价值的否定，是一种减少神秘感的方式。在极端的情况下，对这样的人来说，无法解释的事物是不存在的，也是不真实的。

但对于看重经验的人来说，还有另一种理解与"具体意义"

类似。理解某一事物就是体验这一事物本身及其本质。当他试图更好地理解某一对象，比如一个人或一幅画，这种体验完全可以变得更深刻、更丰富、更复杂，但始终不离开该对象本身。因此，我们可以将具体理解与综合或抽象理解区分开来，后者是主动地转向简单、经济和简约。

具体理解并没有简化和浓缩经验，也没有将经验图表化（或借助X射线或图式或数学描述），而是仅停留在经验本身，品味经验，以直接的方式获得经验的味道和气味，而不超越经验。这类似于雕刻家对黏土或石头的理解，木匠对木头的理解，母亲对孩子的理解，游泳者对水的理解，或者夫妻之间的相互理解。而对于非雕刻家、非木匠、非游泳者或者未婚未育人士来说，要达到这种理解是根本不可能的，即使他们还有其他的知识资源可以利用。

科学家们使用"解释"这个词的时候通常具有简化的意思。这个词似乎总是指向经验以外，代表一种相关理论。但一些艺术家和评论家使用这个词则会依据经验并指涉自我。这自有其价值，至少我们应该意识到这一点。经验本身就是它自己的解释，这就是经验的价值所在。一片叶子、一首赋格曲、一次日落、一朵鲜花、一个人，他们又有什么意义呢？他们本身就"代表"了自己，解释了自己，证明了自己。许多现代画家、音乐家或是诗人都拒绝接受这样一种过时的要求，即艺术作品意味着超越自身，它们指向外部，而非指涉自我。艺术作品要么承载了某一信息，要么在一般科学的简化意义上是可以解释的。它们是自足的世界，是供人观赏的，而不是用来透视的。它们不是通向他物的台阶，也不是通向终点的途经站点。它们不是符号或象征，并不代表自身以外的其他事物。不能对艺术品进行一般性的定义，即将其归入某一阶级，或某一历史阶段，或与外部世界的某种其他关系中。大多数音乐家、画家，以及一些诗人，都会拒绝谈论他们的作品，甚至拒绝解读它们。他们只是武断地给作品贴上标签，然后指着它们说："看吧"或者"听吧"①

然而，即使在艺术领域，人们还是会探讨对贝多芬四重奏的研究（这是经验意义上的研究，是沉浸于作品，反复欣赏和思考，在高倍显微镜下对其内部结构进行详细审视，而不是一般意义上的研究）。之后，他们声称自己更深刻地理解了作品。有一种文学批评流派信奉类似的原则，其追随者仅注重对作品本身的仔细审视，而不是去探究其社会、历史、政治或经济背景。经验本身似乎是不可言说的，但是这些人并没有因此陷入沉默。相反，他们有很多话要说，而且也确实用到了意义、解释、理解、解析和交流这些词语，虽然仍力求严格停留在经验范围之内。

在我看来，这些源自艺术领域的积极用语有助于重建科学哲学，能涵盖而不是排除经验数据。我认为，这些用语比另一种用语更可取。后者大谈无意义和荒谬，却避而不谈"具体意义"，否定任何解释或定义的尝试，只坐等灵光一现，却没有任何积极作为。这实际上是说，"如果你不明白，那么你永远也不会明白。"我认为，积极用法有望使我们对经验数据的研究更深入，更富有启发意义，且有利于更加务实有效地管理这些经验数据。荒谬、毫无

---

① 有人问艾略特（T. S. Eliot）："先生，请问'女士，三只白豹坐在一棵杜松树下'这行诗是什么意思？"艾略特答道："女士，三只白豹坐在一棵杜松树下……"［斯蒂芬·斯彭德（Stephen Spender），"回忆艾略特"，《遭遇》，XXIV（1965年4月），4］。毕加索也说过类似的话："每个人都想理解艺术。那为什么不尝试去理解鸟叫声呢？为什么一个人爱黑夜，爱花朵，爱身边的一切，却不去理解它们呢？而面对一幅画，人们却必须理解它？"

意义、不可言说和无法解释这些表达意味着精神的失灵，因为它们谈论的是虚无，是零，是某种缺失，而不是一种可以用科学方法处理的存在。事实证明，这些积极的用语是合理的，也因为它们接受了这样一种可能性，即经验是有目的的经验，其本身是有效且有价值的。这些用语对于存在心理学来说是合适的，因为存在心理学所要解决的问题正是目的和存在的最终状态。而消极的用语则意味着认可传统科学立场，即坚持科学价值中立，与目的无关，而只与达到目的的手段有关（而这些手段总是任意给定的）。

生活的具体意义

生活中的许多基本经验，也许最终所有经验，都是"无法解决的"。也就是说，这些经验是无法被理解的，从这些经验里你无法获得它们自身之外的任何意义。你对这些经验不能太过理性，它们只是经验而已。你所能做的就是承认经验的存在，接受经验，并尽可能地享受经验的丰富和神秘，同时意识到，经验本身几乎能够圆满地回答"生活的意义是什么"这个问题。在某种程度上，生活本身就很有意义。换言之，我们度过的时光、走过的路、看过的东西、尝过的味道、闻过的气味、体会过的感觉、经历过的情感，以及其他一切的纯粹体验，都让我们的生活变得值得。当我们不再积极地享受这些体验时，生活本身就出现了问题，我们可能变得空虚无聊、郁郁寡欢，甚至想自杀。然后我们会说，"生活毫无意义"，或者"活着有什么意义"，或者"不值得再过下去"。正是因为这个原因，我更倾向于使用具体意义的说法，而不愿苟同生活无意义的论调。

合法解释和具体理解

具体意义与抽象意义、具体理解与抽象理解、具体解释与简化解释，这一系列的区分也教会了我一些别的东西。

大约15年前，我开始研究不同性格类型科学家的动机。我让他们坦白地谈一下我提出的两个问题："你为什么选择你的工作、你的研究领域、你的研究问题？"和"你从你的工作中得到的主要回报是什么（满足、快乐、趣味、最幸福的高峰体验），是什么让你一直坚持下去，你为什么喜欢你的工作？"这两个问题就相当于"你为什么坠入爱河"和"你为什么维持婚姻"由于种种原因，在采访了十几位不同领域的科学家之后，我不得不放弃了这项研究。虽然我只采访过这几位科学家，但驱使他们从事并坚持科研工作的各种隐秘动机仍然给我留下了深刻印象。和其他普通人一样，他们的世界观、他们的快乐和满足、他们的好恶、他们的职业选择、他们的工作风格，在某种程度上都是他们性格的表现。而我也像很多研究者一样，又一次面临着诱惑，想要对这些不同名目、不同类型的科学家进行分类，比如意志坚定的和慈悲心肠的、日神型的和酒神型的、强迫型的和癔症型的、阳刚的和阴柔的、克制的和冲动的、专断的和包容的、多疑的和轻信的等。有一段时间，我使用 x 字符和 y 字符来指代这些成对的反义词中的共同元素。还有时候，我使用冷静和热情这两个词，因为这两个词都不令人反感，也不带有侮辱性，而且我认为，跟那些在目前的知识状态下具有明确定义的词语相比，这些词汇的表面特征更加合适。出于同样的原因，我也尝试过使用"蓝绿型"（光谱末端的颜色）这个词，并将其与"红—橙—黄"类型的人进行对比。最终，我还是把这一问题搁置了起来，尽管那种接近深刻彻悟的感觉一直挥之不去。问题是，这种感觉保持了15年，我始终也没有朝着彻悟更进一步。

当时我有种模糊的想法，这些年来这一想法变得越来越有说服力，现在我把它提出来，供大家认真检验。在我看来，那些我认为在性格和观念上冷静、"蓝绿型"或意志坚强的人，似乎都把建立法则、规律、确定性和精确性作为他们科学工作的目标。他们谈到"解释"的时候，清晰地暗示了简约、经济、简单、一元论的倾向。达成了简化的时刻，即实现了变量数量的缩减，就是取得巨大成就的胜利时刻。相比之下，我认为热情的人、"红—橙—黄"类型的人、感性的人（他们更像是诗人、画家、音乐家，而不是工程师、技术专家）、仁慈、温和的人，则热情洋溢地大谈"理解"（即经验的理解）的时刻，认为那才是研究工作的高峰和回报。简言之，从意志坚定到心软意活的性格渐变与合法解释到具体理解的连续渐变正相一致。①

这个观点接近于一种假说，即抽象知识和经验知识是截然不同的目标（只适用于纯粹或极端的类型）。

---

① 我发现，那些极富创造性或伟大的科学家都兼具这两种品质，而不会二择其一，概莫能外。即便如此，我还是发现进行这种分类大有裨益，我做过的一些采访以及读过的一些个人描述也说明了这一点。对于他们来说，问题是什么时候该强势，什么时候该柔和，而不是必须从强势和柔和二者中择一。在心理学中，我的想法仍然是，这样的两极分化或许会将那些典型的实验心理学家（拙劣的临床家）与典型的临床心理学家（拙劣的研究者）区分开来，尽管我做的这项调查规模有限，无法有力地支持这一猜测（55）。

第十章　道家科学和控制科学

　　正式的实验科学的本质就在于干预和影响，它倾向于积极安排组织，有时会造成妨碍并引起混乱。实验科学理应是冷静中立、不加干预的，也不应改变研究对象的性质，然而，我们知道现实情况往往并非如此。一方面，传统科学往往无意识地偏好原子论，因此认定抽丝剥茧、推敲琢磨才能厘清问题。这种观点虽已有所改变，但偏见依旧根深蒂固。最微妙的是，对照实验的关键技术就是——控制，也就是积极主动地操纵、设计、组织和预先安排。

　　这并不意味着这种做法就一定是不可取的或不必要的。我仅仅是想表明，干预性的科学并不完全等同于科学，其他策略也是可能的。科学家可以运用的方法不止一种，获取知识的途径也不止一条。在此，我想向大家介绍道家认识事物本质的方法。我必须再强调一遍，这只是一种可行的方法，并非绝无仅有的排他性策略，也不是"包治百病"的灵丹妙药，更不是积极科学的竞争对手。优秀的科学家一旦掌握两种科研方法并且善于随机应变，自然要比仅会一种方法的科学家更有作为。

　　把道家的善于接纳称作一种技巧可能不太准确，因为它本质上是指不加干预、不加评论、耐心从容、三思而后行、善于接受、甘于被动。这实际是主张不加干预的仔细观察。因此，也可以说是一种对待自然的态度，而不是一般意义上的技巧（42），甚至可以看作一种"反技巧"。当我将这种态度介绍给我的科学伙伴时，他们通常对此嗤之以鼻，"哦，是的，不就是简单的描述性科学嘛。"我怀疑他们压根没有明白我的意思。

真正的道家式的开放包容是很难完全做到的。首先要善于倾听——真心实意地、全副身心地、从容自如地、浑然忘我地倾听——不进行预设、分类、改进、驳斥、评估、赞成或反对，不对正在讲述的内容加以辩驳，不预先酝酿驳斥，不进行自由联想，以免错过后面的内容——这样的聆听真是不可多得。无论是看还是听，孩子都比父母更能全情投入、浑然忘我。库尔特·沃尔夫（Kurt Wolff）在他的文章中（82）称这种行为为顺应（surrender），当然，打消人们"做到顺应不过尔尔"的念头还任重而道远。

要求一个人乐于接受或者以道家的方式自处或者顺应，就好似告诉一个紧张的人他必须放松下来。他当然愿意照做，但却不知道该如何做。平静、沉着、冷静、淡定、平和、放松——也许此类的词汇能够更好地表达我的意思，虽然它们也不完全准确。无论如何，它们确实表明，恐惧、紧张、愤怒和急躁情绪都是包容接纳和不加干预态度的"敌人"，人们必须尊重自己正在研究或学习的东西。我们必须能够让事物保持自己本身的模样，依从它，甚至支持它成为自己，在看到它保持自我（即展现内在本性，不受外部观察者的本性干扰，不因之而改变，不受侵扰）的时候感到满足和喜悦。可以说，这个世界大多数人都很害羞，就像动物和孩子会怕生一样，因此只有忘我的观察者才有机会看到秘密。

东方学者更强调观察者和他所研究的自然之间的和谐。这里强调的重点有些不同，因为这种观点意味着观察者本身就是他所观察的自然的一部分。他适应自然、融入自然，并且感到舒适和自在。他是整个情境的一部分,而不是站在透景画前的旁观者。从某种意义上讲,就好比一个人靠在母亲的臂弯里研究母亲。此时,破坏、改变、操纵以及控制显得唐突且不合时宜。对科学家来说,人与自然的关系绝不限于人类掌控自然。

在生活的某些领域中,我们西方人也能接受这种开放包容、不加干预的态度,因此我们至少可以理解这里说的是怎么回事,可以明白心无旁骛地观察和来者不拒地理解是怎样的感受。我首先想到的例子是观赏艺术品和聆听音乐。在这些领域中,我们既不侵扰也不干预。例如,我们只需要接纳音乐、顺应音乐、融入音乐、放任音乐,便可以从中获得乐趣。我们也可以什么都不做便从太阳或者温水中吸收热量。有些病人很听话,能够认真地听从医生和护士的叮嘱。一般认为,在性关系、分娩、抚育子女和伴舞时,女性都能做到配合、顺从。大多数人面对温暖的火堆、美丽的河流或森林,都可以自然而然地感到赏心悦目。显然,专断的态度并不会让你融入一个陌生的社会或与一个病人亲密相处。

然而,由于某种原因,认知中的接纳策略在教科书中没有被广泛探讨,作为一种科学技术也没有得到应有的重视。这很奇怪,因为这种接纳态度在许多知识领域都是必不可少的。我认为民族学家、临床心理学家、动物行为学家和生态学家尤其需要,当然,接纳策略基本上在任何领域都是有用的。

对结构的接纳

显然,如果既要在具体和抽象之间进行区分,又要将二者结合起来,那我们便不得不重新考虑这一老问题:共性与规律是否真实存在,它们完全是人造的吗,是人为了一己之便而发明的吗?

或者它们其实不是人为创造的，只是被人发现了，它们是不是一种对先于人类而存在的某种东西的感知（虽然这感知尚不分明）？在此，我们不求得出任何确定的答案，只是提出一些观点，或许有助于解释这些问题。

首先，这种二分式的、非此即彼的表述方式显然应该引起我们的怀疑。难道这不是个程度的问题吗？具体和抽象之间的区分已经表明了这一点。诚然，跟整合和抽象相比，对经验的感知更具有道家式的接纳性和被动性，但跟许多人想象的不同，这并不一定表明对共性的感知只是一项主动的任务和权威的产物。它也可以是一种包容和接纳，一种放任自由、不加干预的意愿，一种耐心静等的能力——等待感知对象的内在结构自然呈现，这是一种秩序的发现而非秩序的安排。

对这种接纳性行为最知名的运用就是弗洛伊德发现（并推广）的"自由漂浮注意"。从长远来看，在尝试理解一个接受治疗的病人时——或者任何有相同问题的人——最有效的办法就是放弃积极集中注意力，争取快速理解。这种方法的风险在于，草率得出的不成熟解释或理论可能是基于某人的个人理解而建构或创造的。就初级过程而言，努力、集中注意力、聚焦都不是前意识或无意识层面最佳的感知方式。这些行为属于次级过程，并且可能掩盖或者排斥初级过程的数据。精神分析学家的指示是"让无意识与无意识对话"。

如果哪位民族学家试图了解某种错综复杂的文化，也会遇到类似的情况。在这种情况下，不成熟的理论也是危险的，因为它有可能排除此后任何与之相左的数据。最好耐下心来，善于接纳，顺应数据，让它们各就各位。对动物行为学家、生态学家和野外生物学家来说也是如此。总之，任何人在处理任何种类的大量数据时都应如此。人不仅应该学会主动，还要学会被动。有的人翻来覆去地整理、摆弄数据，漫不经心地看看表格，如此反复。而有的人处于"大睡"状态，将一切交付于无意识。科学发现的历史表明，这种方法往往收效甚佳。

简而言之，理论和法则的建构更像是理论和法则的发现。主动和接纳之间似乎有一种互动和联合，而且对于任何认知者来说，不论是普通人还是专业人士，都最好能够根据具体情况，做到既能主动探寻又能被动接纳。

沉　思

不管怎样，对于事物存在的方式和世界万物原原本本的样子，你又能做什么呢？当然，前提是你没有像许多人一样，被这个世界的真相吓到。当你被动地承受和接纳时，你唯一能做的就是为之惊艳，琢磨它、品味它、赞叹它，为之沉迷——最好是能享受它。也就是说，你能做的就是不作为。这和孩子们体验外部世界时一个样：专心致志、全神贯注、心驰神往、惊奇不断、欣喜不已。在高峰体验和孤独体验中，人们也会出现这种与世界的紧密结合。当我们思考死亡或是从死亡中解脱出来时，当爱让我们敞开心扉拥抱世界时，当致幻剂充分发挥药效时，当一位诗人或画家用作品为我们呈现一个焕然一新的世界时——这一切都指引我们去感知事物的具体感和真实性。这一切都告诉我们：世界并不像许多人想象的只会让人胆战心惊，它也有精彩纷呈、值得热爱的一面。

至少在这个时候，我们无须干预世界的多样性，我们只需包容地、道家式地、有所思考地体验这种多样性。我们也不必立刻对这种多样性做出解释、进行分类，将其理论化，甚至也无须理解它（除了运用多样性本身的术语外）。

我们应该记得，有人声称，我们只有在这样的时刻才最接近现实。他们认为，如果我们想要看到原原本本的现实，这才是可行之策。他们也提出警告：一旦我们开始组织、分类、简化、抽象以及概念化，我们便开始脱离现实，转而感知我们自己的建构和发明，以及我们自己的先入之见。这都是我们各自为政的结果，并借此把秩序强加在一个杂乱无章的世界上，为自己行个方便。

这种态度与一贯的科学观点截然不同。例如，埃丁顿（Eddington）认为，自己看到和摸到的桌子远不及物理学家概念化的桌子来得真实。大多数物理学家认为，当他们离感性世界越来越远的时候，他们便越来越接近现实。有一点毋庸置疑：他们所追求的现实与自己妻儿所处的现实大相径庭。简化的追求会瓦解现实。

我们无须评判孰优孰劣，因为我们早已认定科学有两个方面：既要体验和感悟具体事实，也要将纷繁芜杂的具体事实归纳为易于理解的抽象概念。如今我们的首要任务依然是真切地体验具体事实。科学家们通常不认为自己是包容型的思考者，但他们理应如此，否则就失去了自己在经验现实中的落脚点，而经验现实是一切知识和科学的起点。

如此一来，"沉思"一词可以理解为一种被动的、不加干预的观察和体悟方式。也就是说，可以将其归结为一种对经验的道家式、放任自流的接纳。这种时刻，经验水到渠成，不假人力。如此得来的经验最为真实，极少受到观察者的曲解。因而在某些情况下，通过这种途径获得的认识更加真实可靠。

第十一章　人际（我—你）知识是一种科学范式

从历史上看，科学首先关注的是有形的、客观的、无生命的物质——行星、落体，以及同样客观的数学。秉承着同样的精神，科学研究继而开始关注生物。最后，大约一个世纪以前，科学有意识地将人类带入了实验室，用业已证实行之有效的方法来研究人类自身。在受控的实验情境中，科学对人类进行客观、中立、定量的研究，凡是适合这样处理的都易于成为科学研究的"问题"。（当然，与此同时，临床精神病学家中盛行一种截然不同的心理学，这种心理学源于一种完全不同的传统，遵循着完全不同的规则和方法）

对于人类的"科学"研究无非是把物理学、天文学、生物学等的方法论简单化地生搬硬套到风马牛不相及的研究对象上，不仅大费周章，而且费力不讨好。

人是一个特例，处于客观科学方法的边缘，是一个外围的例子。我建议我们把人作为科学研究的出发点和中心点，而非上述的客观世界。让我们试着把人的知识作为范例，由此构建出方法论、概念化、世界观、哲学和认识论的范式或模型。

如果把发生在"我—你"之间、无条件的爱中的人际关系和知识当作终极知识，目前会产生什么后果？我们假设这种知识是正常的、基本的、常规化的，是对任何知识的"知识性"进行判断的基本测量尺度。例如，朋友之间的了解，两个相爱之人对彼此的认识，父母对孩子的认识或者孩子对父母的认识，兄弟对兄弟的了解，治疗师对患者的了解，等等。这种认识和了解并不总是相互的。在这种关系中，认知主体一般跟认知对象有一定关系。他并不遥远，而是很近；他并不冷静，而是情绪激动；他并非无动于衷，而是富有感情。他对认知对象有着同理心和直觉，即认同对方，和对方如出一辙，在一定程度上、在某些方面甚至同对方并无二致。他在乎对方。

尽职的母亲往往比儿科医生或心理学家能更好地与孩子沟通。如果这些医生明白事理，会让母亲来解释或翻译，并且时常询问，"孩子想说什么？"老朋友，尤其是夫妻，能以独特的方式相互理解、预测和交流，这在外人看来简直捉摸不透。

这种人际知识的极致，即它发展的终极状态，是通过亲密关系达到神秘的融合，即两人以现象学的方式融为一体。神秘主义者、禅宗佛教徒、高峰体验者、情侣、美学家等对此都有过最为贴切的描述。在这一融合体验中，当认知主体成了对方时，也就完成了对对方的认识，即这种认识变成了一种来自自身的经验知识。我之所以有这种知识，是因为我认识我自己，而这种知识现在已经成为自我的一部分。与认知对象的融合使得经验知识成为可能。就人类的诸多目的来说，经验知识是最理想的知识，所以认识某一对象的好办法便是不断与之融合。当然，与任何人融合都意味着要关心对方，甚至爱对方，这使我们总结出一条关于学习和认知的最终法则：想了解吗？那就关心！

具有治疗性的成长关系不像神秘融合那般极端。我在这里仅探讨各种顿悟——揭示疗法、道家疗法、非指令性疗法，如弗洛伊德疗法、罗杰斯（Rogers）疗法、存在主义疗法等。已经有很多文章探讨过迁移、交往、无条件积极关注等，这些疗法有一个共同之处，那就是明确意识到需要某种人际关系来驱散恐惧，使患者更真实地认识自己，从而对自己认识到的优缺点进行有意识的控制。

现在让我们把这种治疗和成长关系首先看作一种获取知识的方法。然后再将这一认知工具与显微镜或望远镜进行对比：

显微镜或望远镜：旁观知识（A.）
治疗关系：人际关系知识（B.）

1. A. 涉及主体和客体之间的分离，即所谓的"笛卡儿式二分"。从目的的角度看，这种二分和"距离"被认为是好的、有用的、必要的。

1. B. 趋向于减少治疗师和患者之间的这种二分和"距离"，双方虽然采取的做法不同，但都是为了更好地理解患者，而不是治疗师。

2. A. 理想状态是旁观式的完全超脱，双方完全"他者化"。不是相互认同，而是彼此分离、解脱。

2. B. 理想状态是融合、交融、合并。

3. A. 观察者为陌生人、外人、非参与者。

3. B. 观察者为参与者。

4. A. 较少输入和交往。如同我眼中的桌子或雕塑。较疏离而少认同。

4. B. 较多输入和交往。如同木匠观赏自己所做的桌子，雕刻家观赏一件雕塑作品。少疏离而多认同。

5. A. 尽量置身事外，避免发生关系（以做一个中立的判断者)。

5. B. 尽量发生关系且更亲密。

6. A. 意识不到正在体验的自我和自我观察的自我之间的二分,也无法运用这种二分。没有运用认知过程中的自我认识。

6. B. 强化正在体验的自我和自我观察的自我之间的具体互动,以及两者之间富有成效的相互依赖和相互依存。自我认识是这一认知过程中的重要组成部分。

7. A. 观察者的本性和独特性不是大问题。任何胜任的观察者都同样优秀,都能看到同样的真理。

7. B. 认知主体的本性是认识对象本性的必要条件,认知主体之间不能轻易互换。

8. A. 不能认为观察者是在石破天惊地创造真理。观察者只是发现、见证或感知真理。

8. B. 在某种程度上,观察者通过他的本性、身份和行动来创造真理。

9. A. 自由放任的(事不关己的)认知。

9. B. 出自大爱、不加干预的(道家)终极认知。

10. A. 我－它(布伯用语)。

10. B. 我－你(布伯用语)。

11. A. 较多心理活动,推理、假设、猜测、分类。

11. B. 较强敏感性,更愿意先进行单纯体验,再发生次级认知过程。

12. A. 主动注意,有意集中精力。目的性。

12. B. 自由漂浮注意,耐心,等待。初级过程,前意识,潜意识。

13. A. 完全有意识的，理性的，言语的。

13. B. 初级过程，前意识的，潜意识的，前语言的。

14. A. 旁观者的超脱、中立、置身事外的客观性、自由放任的毫不关心。认知对象的内在本性如何无关紧要。

14. B. 不加干预、关心、欣赏并放任认知对象的超脱和客观性。对对方存在的认识(存在认知)。对人不抱幻想，真实地感知，从不拒绝，无须改善认知对象，更不会先行要求对方。接受现状，不加干预，因为爱的就是事物的本来面貌，也想让事物保持原貌，并不希望它有任何改变。

15. A. 认知对象被感知。组织学的载片、显微镜以及生物学家各行其是，分道扬镳。无论是显微镜还是载片都不会"爱上"生物学家。

15. B. 认知对象的反馈。能得到理解，认知对象十分感激，并要求能得到正确的感知。它将梦想与希望投射到认知主体身上，赋予他光环。认知对象爱认知主体，并有可能依附于他。或者认知对象对认知主体怀有恨意或矛盾心理。他对"认知工具"有自己的看法。他的这些特征反过来能改变"认知主体"（反迁移等）。

对人的认知错综复杂，因为人的动机生活大部分都涉及人际关系。通常他人可以满足或挫败人的基本需求。如果你想了解另一个人，最好让他觉得可以和你自然相处，他能感受到你能接受、理解、喜欢，甚至爱他，觉得你尊重他，不会威胁到他的行动自由。相反，如果你不喜欢他或不尊重他，鄙视或讨厌他，如果你看不起他，或者给他"贴标签"，即不把他当作一个个体来看待（43，第9章），那么他就会自我封闭，拒绝让别人看到他。（同样的道理，如果你喜欢孩子,我就会给你看我孩子的照片;如果你不喜欢孩子,那我就不会给你看了)他甚至有可能心怀恶意,故意传递给你错误的信息。人种学家、心理治疗师、社会学家、民意调查员、儿童心理学家和许多其他专家、学者经常遇到这种情况。

有大量的研究文献支持上述结论,例如关于访谈、心理治疗技术、人种学实践、民意调查、得到理解、人际感知、强者和弱者之间的相互关系等的文献。但根据我的印象,这些研究发现尚未应用到认识论问题中,即如何"获取"可靠、真正的知识。我怀疑,在这些研究领域中很少有人意识到他们的发现还有这种特殊的用途,也可能他们也意识到了,却对其影响和意义深感震撼。这是可以理解的。我们被反复教导过,不管你想研究的是分子还是人类,通往可靠知识的道路永远是一成不变的,而现在我们却得知这两种研究可能有不同的途径。有时甚至还意味着,也许有一天研究人类的技术也可能推广应用到对分子的研究中。如此一来,我们最终可能仍不免回归一元认识论,但中心点却有所不同。

通过认知主体与认知对象之间亲密的人际关系来获取知识的情况常有发生,可能也会在其他科学领域发生,只是程度不同。我首先想到的是习性学。但医生的各种临床知识也都具备某些这样的特征。社会人类学、社会学的许多分支、政治学、经济学、历史学,以及所有的社会科学概莫能外。或许还包括所有或多种语言科学。

但我想提出更重要的一点:没有必要选边站或支持哪一派。的确,我们可以将各门科学或所有知识领域划分为不同等级,按照某一关系的远近次序排列。但我还想提出一个更根本的问题:所有的科学和知识都可以被定义为认知主体和认知对象之间相互关爱的结果吗?将这种认识论与现在主导客观科学的认识论相提并论,对我们有什么好处？我们可以兼收并蓄吗？

我个人认为，我们可以而且应该根据情况需要利用这两种认识论。我认为两者不是互相矛盾的，而是互相成全的。认知主体若想要认识一切，便没有理由不把这两种"武器"收入囊中。我们必须考虑这样一种可能性：即使是天文学家、地质学家或化学家也可能对那些最为客观的事物有着更为全面的认识。我指的是有可能使之意识化、语言化、形式化，因为我坚信，某些天文学家和化学家等都跟他们的研究问题有着私人关系，像极了情侣之间的亲密关系。

对研究对象的爱

对认知对象、理解对象和欣赏对象的"爱"究竟意味着什么，我们必须认识到这一问题的复杂性。"爱"至少意味着要对研究对象感兴趣。若是认为某物极其乏味无聊，我们就很难去观察、倾听它，也很难去琢磨、铭记、关注、投入。当人迫于某种外部压力去学习其毫无兴趣的东西时，他体内所有防御和抗拒的力量都会被调动起来。他会说东忘西、心不在焉，会神游八荒、心力交瘁、记忆力下降。总之一句话，如果缺乏起码的兴趣和爱好，人在工作中很可能表现得不尽如人意。无论干什么，最起码的热情（或是自我催眠）似乎是必要的。

确实，做到恪尽本分是有可能的，即使是在校的孩子也有可能做许多自己毫无兴趣的事情，或者强装有兴趣，就是为了让老师高兴。但这样的孩子会出现其他问题，如缺乏个性、自主性不够、太过温顺等。这些问题太深奥了，在此不便展开。我举这个例子只是为了避免陷入非黑即白的二分法，因为太容易陷入其中了。无论如何,有一句简单的话几乎无可争议:对一个人而言,学习、感知、理解和记忆的最好方法就是感兴趣,并想要参与其中,感到"些许爱",至少要感到魅力。

科学家深知此言不虚,因为科学研究特别需要耐心、执着、坚持,以及对任务的专注和面对失败的勇气。这是最起码的要求。长期的研究要获得成功,还需要如痴如醉、废寝忘食。成绩斐然的科学家谈起他的研究问题就像谈起他的爱人一样,他将研究本身作为目的,而不是达到目的的手段。全神贯注地陶醉在工作中意味着他必须心无旁骛。他将自己所有的精力和体力都投入这个他全力以赴的唯一目的。他为之付出了他的全部[①]。

我们可以意味深长地称此为爱的表现,这一表述意味着切实的好处。同样,一个热爱工作、热爱问题的人,他的成果也值得期待。这也是为什么我认为,即使是作为严格意义上的科学家,也一样有助于我们仔细研究"由爱而知"的认知范式。在恋人身上和亲子关系中,我们能观察到最为纯粹的"由爱而知",在神学和宗教文献中也能看到,但已经适度地转化为自然主义表述。

人际关系中真理的构建

我们从客观的传统科学中继承的现实和真理的图景是真实存在、完美无缺的,虽然潜藏于万物之中,但我们却能够揭示它们。在早期的科学中,观察者仅限于观察。随着科学的发展,我们认识到,观察者一直都戴着眼镜在观察,但这副眼镜歪曲了现实。

[①] "如果你调查中需要一个十足的废物,你至少得找一个对任何调查结果都毫无兴趣的人。他是绝对的无能者,是十足的傻瓜。"(威廉·詹姆斯)

近来，物理学家和心理学家意识到，观察行为本身就在塑造、在改变、在介入观察对象。总之，观察者创造了部分现实，即真理。现实似乎是一种认知主体和认知对象创造的合金，是一种相互作用的产物、一种交互。仅举两种知名的实验路线为例，如许多感官刺激反馈研究和观察—期待效应研究。

此处我要说的不限于天文学家的"个人误差"，甚至超过了海森伯格（Heisenberg）的"不确定性原则"。我是强调，要发现尚未记载的真正文化是什么样的，要复原它未被民族学观察家扭曲的原貌是不可能的。或者举一个我最近遇到的例子。你怎样才能从街头宗教团体的真实行为中消除外部观察者的明显干扰作用呢？在大学期间，我听说过这样一个故事，也许是杜撰的。有一群男生在联谊会上为了寻求刺激，商定一起猛追一个相貌平平、不善交际的女生。富有戏剧性的是，追求的过程使这个女生有了改变，变得温柔妩媚，最后这帮男生竟然真的爱上了他们"创造的杰作"。

情感与真理

此处我要引用戴维·沃森（David L. Watson）《人性的研究》一书中的一句话："我发现两个人在争辩时，真理并不总是在更冷静的人一方。激情可能会增强争论者的表达力，因此最终更利于达致深层真相。"（pp.187—188）"毫无疑问，某些情绪会完全扭曲我们的判断。但我倒要问问极端理性主义者：如果没有真理激发探索者的满腔热情，又哪来的科学？"（p.188）

这句话很有代表性地表达了心理学家对一种流行的传统观念的日益不满。按照这种说法，情绪只起到干扰作用，跟真实感知和正确判断背道而驰,会妨碍做出英明决策,与真理(必然)相互排斥。科学的人本主义研究方法则持不同态度,比如情绪可以与认知相互协同,并且有助于我们发现真理。

融合知识

这种恋爱关系转化为物我合一的神秘体验,使我们与研究对象融合,即成为对方的一部分,从而达到终点(超越了"由爱而知")。出于研究的目的,我们可以认为这将进一步转化为经验知识,从内部而来的知识,因为我们就是我们认知的对象。至少这是此类知识达到或者试图达到的一个理想极限。

它并不像听起来那么遥不可及,研究精神疾病的一个可靠方法就是通过使用一些化学药物而暂时变成精神病患者,或者得过精神病后康复。这时,人就很容易认同并理解精神病患者了。爱德华·托尔曼(Edward Tolman)是最受人爱戴和尊敬的、研究老鼠的新行为主义心理学家之一。一次他公然挑战自己的论证,承认当他想要预测一只老鼠会做什么时,他试图设身处地,想象自己就是老鼠,然后自问,"现在我会做什么呢?"

另一个例子是一位民族学家,他在一个不同领域中遵循同样的认知范式。你可以从你讨厌或者讨厌你的部落身上了解许多事情,但是你可以了解的东西显然是有上限的。为了真正理解印第安人而不仅仅是知道他们,你必须在某种程度上融入他们的文化。如果你"变成"了一个印第安人,那么仅仅通过内省,你便可以知道很多问题的答案。

即使是在极客观的情况下通过望远镜来观察时,也同样可以区分出两种不同的感觉。有人通过望远镜来赏月,就像窥视成性的汤姆（旁观者，局外人）透过钥匙孔偷看生人、异域、另类、远方一样。或者有时你可以全然忘我、全副身心地沉迷其中，置身你所看到的世界之中，成为那个世界的一部分，而不是从外部观察它。这种差别就好比一名家庭成员和一名孤儿，后者在黑暗寒冷的街头透过窗户充满渴望地看着窗户里温暖的一家。科林·威尔逊（Colin Wilson）的书中列举了很多局外人和充满渴望的观察者（80）。

同样，当人通过显微镜亲眼观察外在的物体时，可以身在微观世界之中，也可以在它之外。你可以理智地聆听管风琴声，冷静地品味琴声听起来怎么样，是不是值得你花的票钱。你也可以突然被音乐吸引，让自己成为音乐的一部分，置身音乐之中，感受它在你体内的律动。如果你跳舞时音乐触动了你，你就可以沉浸在音乐之中，与音乐产生共鸣，心甘情愿为其所用。

两种客观性

事实上，"科学的客观性"一词的含义已经被以物理为中心的科学理论家们先入为主地"歪曲"了，用来指他们那种机械对称的世界观。毫无疑问，天文学家和物理学家必须有坚持观察眼前之物的自由，而不是听任教堂或者政权事先决定何为真理。这是"价值无涉的科学"这一概念的核心所在。这一抽象理念现在已经被许多人不加批判地接受，但目前仍困扰着许多人类科学家和社会科学家。

当然，现在学生们愿意研究他人的价值观念，调查者假设自己置身事外，像研究蚂蚁和树的"价值"一样不带感情地进行研究。也就是说，当我们把研究对象视为纯粹事实，就同样可以运用经典、客观科学的所有方法和概念进行最一般化的处理。但真正的问题并不在于此。

这种"科学的客观性"的核心要点很明确,就是为了防止人类或超自然的动机、情感和先入之见投射到认知对象之中,而这些事实上并不存在,因此也不应假定其存在。请注意,"观察实际存在物"(这要从抛开"上帝的意图"、亚里士多德的格言或者人类在无生命物体和动物身上的目的做起)是科学的必要准则,继而在今天要坚持这一准则,就是要尽量避免科学家个人的价值观、期待和愿望的投射。

虽然我们在这一方面可能永远无法做到尽善尽美,但是可以不断接近这一目标。一般的科学训练和科学方法都是为了越来越接近这一不可能实现的目标。毫无疑问,这种尝试在某种程度上也确实成功了。那些优秀科学家不仅善于感知他厌烦的事物,也更善于怀疑他认可的事物。

问题在于:实现这一目标的可能性有多大?观察事物本来面目的最佳方法是什么?怎样才能最好地避免掺杂我们自己的希望、恐惧、期待和目标?最重要的问题是:实现这一目标的途径是不是唯一的?是否还有其他途径能实现客观性,即观察到原原本本的事物。

从传统意义上讲,当研究对象越是远离人类的抱负、希望和期待,就越容易实现"科学的客观性"。在研究岩石、热量或电流的性质时,研究者很容易感到一种事不关己的超脱感,从而进入一种旁观者清的中立状态。人不会和月亮产生共鸣,不会像关心自己的孩子一样关心月亮。在研究氧和氢的时候,研究者倾向于采取一种自由放任的态度,保持一种不加干预的好奇心,采取道家的接纳态度,顺其自然。说得直白些,当你不关心结果、不掺杂同情、抛却爱恨的时候，在研究中也就更能做到中立客观、公平公正。

但是，当我们进入人文和社会领域，当我们力求客观地看待我们所爱、所恨的人，看待我们的责任和价值观，看待我们自己时，这一整套想法和态度将很难实现。我们做不到采取自由放任的态度，做不到不偏不倚、置身其外、抛却利害、心如止水。因此，要做到这种"自由放任的客观"或是"事不关己的客观"就变得更加困难，而现在又出现了新的问题。

为了实现"科学的客观性"，即置身其外、自由放任、事不关己的客观性时，人类学家可能会矫枉过正，把他误认为客观的一整套做法全盘照搬过来。他们可能会陷入唯科学论而非科学论的怪圈，可能会觉得必须刻意压制自己对研究对象的情感，可能会不加区别地一味追求量化，最后得到的可能只是准确的细节，而整体上却是错误的。（阅读民族学著作时，最好的方法还是谨慎地将民族学专著、高水平的游记和兼具诗人及人文主义情怀的人类学家的性情之作相结合）

确实，这种事不关己的客观性可以通过循序渐进的训练做到，且不断强化，更加重要的是，还有一种源于关切的客观性而非事不关己的客观性。我已经在多种著述中反复阐述过这种客观性，这是存在之爱（Being-Love）、高峰体验、一体感知（unitive perception）、自我实现、协同作用、道家的接纳、创造态度、存在认知（Being-Cognition）的结果，是存在心理学的一个基本方面，纳梅什（Nameche）（56）对此也进行过富有成效的研究。

简而言之，我的论点是：假如你对某人某物本身有足够的爱，那么你就能接受它本性的实现，这意味着你不想对其加以干涉，因为你爱的正是它的本来面貌。这样，你便能以一种不加干涉的方式去感知它，也就是任其自然发展。这又意味着你能够看清事物的本质，不掺杂私心杂念、希望、需要、焦虑或先入之见。正因为你爱事物本身，你也不会轻易去评判它、利用它、改善它或以各种方式将自己的价值观投射在它身上。而这往往意味着体验和观察会更加具体，更少抽象化、简化、组织化和概念操弄。任其自然也意味着一种更加整体、全局的态度，避免割裂事物。总而言之，你可能很喜欢某人，以至于敢于面对他原原本本的一切。假如你真爱上了事物的本来面貌，你就不会去改变它。因此，你可以看到任何人或事物的真正本质，天生地长，原始如初，即客观的观察。你对某人或某物爱得越深，就越不需要自我蒙蔽。

这种"关切的客观性"的另一方面可以称为超越。客观的含义之一是看到事物的本质，不论我们喜好与否、赞同与否，不论其是好是坏。人越能超越这些差异，便越能有客观性认识。

要做到这一点并不容易，但在存在认知中，例如在"存在之爱"中，要做到这一点几乎是可能的。这不易阐释清楚，我在其他文章中已经尝试阐释过，在此不再赘述（56）。

这两种客观性及其互补性可以从旁观者的绝对优势和绝对不足中得到证明，在此仅举一例。犹太人和黑人不像局内人，他们看待我们的社会时更带有一种旁观者的客观。假如你是乡村俱乐部或权力机构的一员，你自然认为所有的文过饰非、排斥异己和官样虚套等都是天经地义的，你甚至不会注意到它们。只有局外人能够做到旁观者清（80）。正因为当局者是有待认知的现实的一部分，旁观者比当局者能更易于发现某些真理。

而另一方面，我所提到的许多证据都表明，在某些方面黑人比白人更能了解黑人，诸如此类，在此无须重复。

还有一系列引人入胜的研究课题和假说也源于"来自'存在

之爱'的知识"这一概念。"存在之爱"的能力是个性高度成熟的表征。因此，只有具备了成熟的个性，才会拥有这种敏锐眼光。改善这种认知的方法之一在于促进认知主体走向成熟。对于教育科学工作者来说，这又意味着什么呢？

第十二章 价值无涉的科学

我在《宗教、价值观和高峰体验》一书中曾经指出,正统科学和正统宗教都已经制度化了,并沦为僵化的、互斥的二元对立。亚里士多德式的 A 与非 A 的区分已几近完美,恰似西班牙和葡萄牙曾在新大陆上划出的地理分界线一样。每一问题、每一答案、每一方法、每一领域、每一任务不属于 A 则属于非 A,几乎没有任何重叠。

这种人为割裂导致的后果之一是宗教和科学的沉疴痼疾已积重难返,双双堕落为"残疾"的半科学和半宗教。这一非此即彼的分割迫使人在两者间做出选择,就好像我们面对的是两党体制,只能二选一,将选票全投给某一政党的候选人。

这一非此即彼的强制选择使得跻身科学家行列的学子放弃了大部分真正的生活,尤其是生活中最丰富精彩的部分。他们如僧侣在进入寺院前必须发誓放弃红尘一般。(因为正统科学已经将大部分的人类世界排除在科学疆域之外了)

科学领地中的一次重要切割是宣称科学与价值无关。正统科学被定义为不涉及价值,不关乎人生的短期目的、长远目标、意图、回报或正当性。一种常见说法是"科学不谈为什么(why),而只谈如何(how)"。另一种说法是"科学不是一种意识形态,也不是一种道德观念或价值体系，它不能帮助我们在善恶之间进行抉择。"这就必然意味着：科学只是一种工具、一种技术，既可为好人所用，也可为坏人所用。纳粹集中营就是例子。这还意味着成为一个优秀的科学家和成为一个极端的纳粹分子并不矛盾，这两种角色相互没有任何内在的制约。当存在主义者问我们为什么不应该自杀时，正统科学家只是耸耸肩说："有何不可？"（在此为了不致混淆，请注意我说的不是先验的"应该"或"必须"：机体在生与死中做出抉择，他们选择了生并牢牢把握住生命，但不能说氧气、电磁波或万有引力也有自己的选择）

现在甚至比文艺复兴时期情况更糟，因为最近所有的价值领域、所有的人文学科、所有的艺术都被纳入非科学世界，也就是不科学的世界之中。科学起初决意相信自己的眼睛而非古人、教会权威或纯粹逻辑。也就是说，科学最初只是一种亲力亲为的探索，而非相信他人。当时并没有什么人鼓吹科学要与价值无涉。这只是一种后来的附会。

如今的正统科学不仅试图摆脱价值观的影响，还试图摆脱情感的束缚。正如年轻人说的，它力求变得"冷静"。超然、客观、精确、严谨、量化、简约、合法，这些基本概念都暗示着情感和情感强度会妨碍认知。有一个毫无疑问的假设是，"冷静"感知和中立思维最适合于发现科学真理。事实上，许多科学家甚至没有意识到还有其他的认知模式。这种二分法最大的副作用就是科学的去神秘化，即将所有超越体验从正当的认识对象和认知领域中驱逐出去，否认了敬畏、惊奇、神秘、狂喜、美和高峰体验在科学体系中的地位。

科学中的价值

"例如，心理学家可能会将研究对象的思维描述为偏执，但无论如何……会避免对这种行为进行价值判断。另一方面，哲学家的任务就是进行价值判断，他会指出偏执思维是好是坏，是真是假，是可取的还是不可取的，等等。这一差异使哲学有别于其他所有科学。哲学家会做出评判，他会指出一个人的行为或性格是善是恶，是对是错，是美是丑。事实上，柏拉图正是这样定义哲学的，即对真、善、美的研究。科学家不做评判是因为他们认为这种做法不科学，而且理当如此……只有哲学家才会进行评判，而科学家则尽可能准确地描述事实。"[①]

显然，这种阐述需要很多修正。我们能接受这句话的主旨，即一般来说，跟非科学家相比，科学家较少进行价值判断，而更注重据实描述——至于你能不能让一个艺术家相信这一点，我表示怀疑。但这一区别过于简单，有必要进行更细致的区别。

首先，整个科学研究过程本身就充满了选择和偏爱。如果我们愿意，我们甚至可以将科学研究称为赌博或者良好的品位、判断力和鉴赏力。没有一个科学家仅仅是照相机镜头或录音机。他在研究活动中并不是不加选择的，不是什么都做。他研究那些他认为重要或有趣的问题，并提出简练或出色的解决方案。他做漂亮的实验，比起混乱或草率的结果，他喜欢更简单和更干净的结果。

所有这些都是价值词汇：评估、选择、偏爱，暗示着更可取

[①] 萨哈金·W., M. 萨哈金，《哲学的领域》，申克曼出版公司，1965年，第3和4页。

和更不可取的差异。这些不仅存在于科学家的研究策略和方法中，也存在于他的动机和目标中。波拉尼（60）提出了最令人信服的一个论点：科学家始终是赌徒、鉴赏家，品位可雅可俗，他坚持信仰、勇于奉献、意志顽强且责任感强，他是积极主动的力量，善于扬弃。

所有这些在优秀的科学家身上叠加放大（相较于那些资质平庸甚至能力一般的科学家）。就是说，在拥有同等智力的情况下，我们钦佩且更珍视的科学家以及深受同伴和历史学家尊重的科学家均具有良好的鉴赏力、判断力以及正确的直觉，他们相信直觉，并敢于依照直觉行动，总是能够捕捉到好的研究问题，设计出卓越的方法进行验证，并且总是能够找到简洁、正确和定论性的答案。资质欠缺的科学家则无法区分重要的问题和不重要的问题、优良的技术和拙劣的技术、缜密的论证和粗糙的论证。总之，他不知道如何评判，缺乏良好的鉴赏力，也没有准确的预感。又或者他真有预感，却被这个预感吓到，避之唯恐不及。

但除了这种坚持之外，选择必然依据某一原则，即价值。毋庸置疑的是，整个科学事业都与真理有关。这就是科学的全部。真理在本质上被认为是理想的、有价值的、美好的。当然，真理一直被视为终极价值之一。换言之，科学是为某种价值服务的，而所有的科学家亦是如此（9，10，11）。

如果我愿意，我可以继续探讨其他的价值，因为很有可能，完整的终极真理最终只能而且全部由所有其他的终极价值来定义。也就是说，真理最终是美的、善的、简单的、全面的、完美的、统一的、有生命的、独特的、必要的、终极的、公正的、有序的、天成的、自足的和有趣的（44）。如果它达不到这些标准，那么它算不上最高品质和最高程度的真理。

但关于科学是否与价值无涉，还有其他意义。对于心理学家来说，有一个问题已经不再是问题。对人类的价值进行卓有成效的研究已然成为可能。这显然已经成为事实：例如，我们有奥尔波特－弗农－林赛（Allport-Vernon-Lindzey）价值测试，可通过该测试大致判断一个人更偏好宗教价值观还是政治或美学的价值观。另一事实虽然没有那么明显，但同样真实。例如，许多关于猴子食物偏好的研究实际上描述了对于猴子来说什么是有价值的。在很多领域进行的自由选择和自我选择实验也是如此。可以认为，在特定的实用意义上，任何关于选择或偏好的研究都是对价值的研究，不管是工具性价值还是终极价值。

在此的关键问题是：科学能发现人类应该遵循的价值吗？我认为可以。我已经在不同场合提出过这一论点，并用我能够收集到的所有数据来支持它（40，43，44，46，48，50，51）。这些支持数据足以说服我，但还无法说服那些怀疑的人。在此我将上述论点再次提出，虽足以引发关注，但又没有得到足够坚实的支撑，还不足以被广泛接受。

我首先要讲的数据是动态心理治疗积累的经验，即从弗洛伊德起一直延续至今的发现身份认同或真实自我的大部分治疗。我更愿意称它们为揭示疗法或道家疗法，以强调它们旨在揭示（而非建构）被恶习、误解、神经化等所遮蔽的深层自我。所有这些疗法都一致认为，这个最真实的自我部分是由需求、愿望、冲动和类本能的欲望构成的。这些可以被称为需求，因为它们必须得到满足，否则就会导致精神病态。事实上，历史发现的先后顺序却正好相反。弗洛伊德、阿德勒、荣格等人在尝试了解成人神经官能症起源的过程中，发现在生命早期，患者的生理需求都遭到了侵犯或忽视。神经官能症的本质类似营养学家发现的一种匮乏性疾病。在某种重建生物学中，营养学家最后可以说："我们需要维生素 B_2。"同样，在同类数据的基础上，心理治疗师也可以说，我们有被爱的需求或安全需求（50）。

正是因为这些需求的类本能性质，我们也可以把它们看作内在价值——不仅因为机体需要它们、追求它们，还体现在对机体而言它们既是美好的又是必需的。我们在心理治疗或自我发现的过程中所发现、揭示或者恢复的正是这些价值。接下来，我们可能会把这些治疗和自我发现的技术视作认知工具或科学方法（即它们是现有的最佳方法，用以揭示这些特定的数据）。

至少就此而言，我坚信最广义的科学能够而且确实发现了人类的价值是什么，人类为了幸福美好的生活需要什么，为了避免疾病需要什么，于人类而言何为好何为坏。在所有的医学和生物科学中似乎已经有了大量这一类的发现。不过，在这里我们必须小心区分。一方面，出于自己最深层的内在本性，健康人选择、偏好以及珍视的东西通常也是对他有益的。另一方面，内科医生可能已经知道，阿司匹林对头痛有好处，但我们并不像渴望爱或尊重一样，生来就渴望阿司匹林。

科学作为一种价值体系

在一次采访中，拉尔夫·埃利森（Ralph Ellison）谈到他的作品时说："我觉得，当我决定全身心投入这部小说中的时候，我就承担起了美国的同行所需要承担的责任，那就是为所有人描写我最为熟悉的丰富多彩的美国体验，这对于文学的发展乃至文化的塑造功不可没，正如我所希望的那样。就此而言，美国小说意味着对边缘地带的征服,它描述了我们的体验,也创造了体验。"[1]

  这段文字生动地表达了深思慎取的科学家和小说家所面临的动机。当然,科学家的一个主要任务,或有说是成为科学家的必要条件,就是为所有人描述世界的一部分,并为科学研究的进步做出贡献。科学家之所以要问个"为什么",是因为他喜欢,因为这样才有意思、够刺激,或者只有这样才能比开卡车更轻松愉快。至此,他实际上就是纯粹地自得其乐。即使人们不理解他在做什么或他为什么要这样做,也不会提反对意见,因为他能借此养活自己和家人。

  但请注意,如果我们就此打住,我们就无法将科学家与从事其他职业的人区分开来,因为这些人可能也喜欢自己手头的工作,也是出于爱好而工作。例如职业桥牌手、集邮者、电视播音员或者模特也可能做着他们乐意做的事情,并以此谋生。

  通常情况下,科学家不仅要向支持和保护他的社会,还要向自己、朋友和家人证明自己的使命。他自己通常不满足于自我放纵这样简单的解释。即使很难表达清楚,他也感到并且试图表明,他工作的价值不仅仅是为了追求个人享受。科学本身就具有价值,对他人有价值,对社会有价值,对整个人类也有价值。不少科学家会告诉你,他们也在"按照自己的意愿塑造文化",即他们是乌托邦主义者。他们心中有目标,且认为这些目标在本质上是好的,他们的工作就是在朝着这个目标迈进(当然,只有部分科学家是如此)。换言之,他们是服务于一项事业,而并非仅为了自己。

  科学和科学家并非价值无涉,这句话还有一层意义。科学家确实看到了做科学家和做电视广告之间的区别,他们确实觉得自

---

[1] 《作家在工作:第二系列》,维金出版社,1963年,第344页。

己有道德、有价值、更优越,也确实认为自己生活得比模特要好(打个比方)。科学是有用的,也是有价值的。科学本身是善的,因为它创造了更多的真、善、美、秩序、规则、完美和统一,等等。当然,帮助人类建立起如此令人赞叹的体系也是科学的骄傲。科学(或可能是)的确有益于世,因为它延长了人类的寿命,缓解了疾病和痛苦,丰富和充实了生活,减轻了繁重的劳动,(在原则上)使人类变得更好。

如何为科学的价值辩护取决于要说服的具体受众,而辩护的水平当然必须适应受众所能达到的高度。一般情况下总有些辩护词,而且必须有。科学作为一项人类事业和一项社会制度,有自己的目标、结果、伦理、道德、意图——简言之,科学有自己的价值——毋庸置疑,布罗诺夫斯基(9,10,11)已经精彩地证明了这一点。

第十三章　知识的阶段、层次和程度[①]

在第八章中，我提到了提高自我认知能使人成为更好的认知主体的观点。这个观点没有经过一般意义上的"证明"。那么，我怎么敢这样说呢？

我的这种观点是基于成千上万的临床经验、拥有独立治疗师的患者体验以及治疗师自己的个人报告形成的。对于大多数有常识的人来说，这种经验就是一种知识，尽管它的可靠性相对较低。毫无疑问，如果我们精心策划和设计一个实验，并统计出健康的科学家相对于不健康的科学家具有的明显优势，或统计出经历过精神分析的科学家的相对优势，那么我们对这一"真理"将信心倍增。这样的数据远比"临床经验"可靠。但在缺乏这种实验的情况下，如果我们对数据的可信度有十足的把握，并且能够清楚地说明这一点，我们不也一样做到了"真实"和"科学"吗？

知识是一个程度的问题。任何知识的增长或可靠性的提高都有意义。一例胜于无，两例胜于一例。一般的知识和具体的可靠性都不是一个全有或全无的问题。没有一条清晰的海岸线将知识的土地与非知识的海洋划分开来。

[①] 参见诺思罗普（59）、沃森（75，76）和库恩（30）的著作。

有些人会坚持认为,"科学"的知识是而且必须是清晰明白、界定清晰、确凿无误的,是可论证、可重复、可交流、合乎逻辑的,是理性、可表述、有意识的。如果做不到这些,那么它便是不"科学"的,而是别的什么。但关于知识的初级阶段,关于这些最终形式的先兆,关于我们每个人都很容易充分获得的最早体验,我们又该如何解释呢?

首先是不安、躁动、不快、不对劲的感觉,这种感觉出现的时候可能我们还无法解释。也就是说,我们会有所感觉,如果用语言表达出来,那就是:"我感到不安,但我不知道为什么。总觉得有点不对劲,但不知道是哪里不对劲。"更让人困惑的是,这种感觉可能是完全无意识的,或者只是部分有意识的,而且可能只有在事后才能明白过来。

在此我们所要处理的是预感、猜测、直觉、梦境、幻想,以及无法言表的、朦朦胧胧的"前思想"。任何偶然的联想都可能使我们延着某一方向走得很远。我们可能会突然从睡梦中惊醒,得到一个能验证的答案,结果可能是正确的,也可能是错误的。我们与自己或与他人的交流往往模棱两可、相互冲突、自相矛盾、不合逻辑,甚至缺乏理性。这种交流可能充满了修辞格、暗喻和明喻等。研究一开始,我们可以先捕捉到一个研究空白,然后用诗人的语言谈论它,而不是像科学家那样一本正经。我们可能会表现得更像医生、赌徒或教师,而不是传统的科学家。

试想一下精神分析的语言吧,想想它的具体类推和比拟,它的具体化、拟人化和半神话的存在。站在博大精深的科学的高度来批评这一切固然容易,但是——这是我的主要观点——这种语言是为了传达临床直觉和感受而进行的摸索和尝试,而这些临床直觉和感觉还无法用任何方式表达出来。在目前的知识发展阶段,这样的尝试已经是不遗余力了。如果要他们描述迁移、压抑或焦虑等现象，世界上最优秀的逻辑学家、数学家、物理学家、化学家和生物学家也未必能做得更加出色。这些现象是真实存在的，形形色色，不一而足，不仅成千上万的病人体验并报告过，成千上万的心理治疗师也亲眼看见过。然而，要很好地描述这些现象，甚至用某个词来描述，都不可能达成一致。

实验科学家批评这种知识并不难，但这些批评最终会归结为一种指责，即这尚未达到知识的终极状态。这就是为什么早期的知识往往显得粗糙草率和含糊其词。这是知识的一个必经阶段！没有已知的替代方案，也没有别的可行办法。①

如果能充分理解这一事实，我们很容易变得不胜其烦，不再理会这种批评，甚至打算对批评家进行一番精神分析，而不是用逻辑论证来回答他。这时我们认识到，批评家往往需要条理、准确或精密，任何缺失他们都无法容忍，他们只选择答复已经达标

---

① "……如果不能比现在更容易接受突发现象，即根据已知事物无法预测的现象，生物学将会枯竭。科学的进步不仅仅靠归纳性、分析性的知识。首先进入大脑的是想象性的推测，然后才有验证和分析性分类。而想象力取决于情感和理性的自由状态，这种自由状态使人能够接纳来自外界的庞杂印象，一个令人困惑、无法抗拒，但又丰富多彩的完整世界。我们必须努力再次体验科学年轻时代的开放态度，那时的社会是允许穷根究底的。波德莱尔（Baudelaire）对艺术的评价同样适用于科学："天才是青春的再现。"通俗点说，我相信在大多数情况下，创造性的科学行为先于真理的确立，两者一起造就了科学。

科学各个领域的伟大实验者都讲述过，他们的思想在很大程度上取决于非分析性的、有远见的感知。同样，历史表明，大多数具体的科学理论是从粗糙的直觉草图中逐渐产生和形成的。从这个角度来看，发现规律或提出新概念的第一步更接近于艺术性意识，而不是人们通常认为的"科学方法"。（杜博斯，《理性的梦想》，哥伦比亚大学出版社，1961年，122—123。

的问题，他们的批评实际上相当于拒绝了问题本身。他们会对人不对事，批评的可能不是你的方法论，而是你这个人，因为是你提出了问题。

需要条理和简单的科学家往往有意回避人性中的人本主义和个人问题。这样的选择可能表明，他们更喜欢整齐划一而不是对人性新的认识，这可能是回避棘手问题的一种方法。

知识的可靠性水平

有一种趋势是将知识一分为二，分为或真或假、或重要或不重要、或可靠或不可靠。稍加思考就能看出，这不够明智。知识的可靠性是一个程度的问题。真理和谬误也是如此，价值和相关性当然也不例外。

如果我们只知道一个事实，即抛一次硬币得到的是正面，第二次得到正面的概率大于二分之一，那么任何一个聪明人都会据此下注。这是因为多了一点点认识就会增加硬币偏向的可能性。很久以前，奈特·邓拉普（Knight Dunlap）就证明，如果要猜猜两个重量稍有不同的物体哪一个更重，人们猜对的可能性要高于概率，尽管他们没有意识到这是自己的判断。在他们的意识中，他们纯粹是在猜测。其他研究已经将这一发现应用到群体猜测。十个人盲目（即主观上没有信心）猜测的平均值往往比五个人盲目猜测的平均值更接近真实的平均值。

医学史，尤其是药理学史的发展一再证明，有必要认真研究原始部落的信仰，例如对某些草药或树皮的治疗功效的信仰，即使他们的解释很荒诞或可能被证明是虚妄的。即使我们对学习经验认识不清，仍然有可能从中看到一丝朦胧的真理之光。因此，如同在其他领域一样，我们在某种程度上也应信任本领域专家的意见、经验丰富的临床医生的直觉、有根据的猜测，哪怕只是稍许信任。如果我们没有可靠的事实，我们只能从现有事实中寻求最可靠的事实为指导。

当我们与外科医生、精神科医生、律师等打交道时，我们对此已经习以为常。在缺乏可靠知识的情况下，我们被迫做出决定时尤其如此。但是，波拉尼（60，61，62）、诺思罗普（59）、库恩（30）等人已经证明，科学家自身的策略和战术中也存在类似情况。有创造力的人经常报告说，在早期的创作过程中，他们依赖预感、梦想、直觉、盲目猜测和赌博。事实上，我们几乎可以这样来定义有创造力的科学家——有创造力的数学家就是这样被定义的——不明就里地获得真理的人。他只是"感觉"某事是正确的，随后才通过仔细研究来验证他的感觉。他选择哪些假设需要检验，哪些问题值得关注，只有掌握了事实以后才能确定这些选择是对是错。我们可以根据他收集的事实来判断他是对的，但是他自己对这些事实却没有足够的信心。事实上，是因为他"盲目"自信才有了这些事实，而不是因为这些事实他才有了自信。我们之所以称一个科学家"有天赋"，正是因为他是在证据不足的情况下做出了正确的判断。按照外行人的描述，科学家在确信自己的事实之前守口如瓶，这是全然错误的，至少对于做出突破性研究的天才科学家来说是如此。波拉尼谈到信仰、鉴赏力、勇气、自信和放手一搏的胆魄，很有见地地认为，这些素质是具有开拓性的理论家或研究人员所固有的本质，是他们的规定性特征，而不是偶然的、巧合的或无足轻重的。

这也可以用概率来表述。胆识过人而富有见地的科学家必须能接受低概率现象。他必须能客观地看待这些低概率现象，并以此为路标，指引自己后续的研究应该做什么和应该往哪里去。至少他必须认同这些低概率现象在科学上的"真实性"，作为科学家他应当关注低概率现象。

只要正确的概率高于纯偶然性，把一切"知识原型"都纳入知识的范围之内是有益的，也是正确的。"知识原型"意味着知识是分阶段、有层次的，或者是个程度问题，最不可靠的知识是专家的猜测、预感和直觉，基于不充分的案例或粗糙方法得出的初步结论，等等。因此，知识可以分为更可靠或更不可靠的，但只要其概率大于纯粹偶然性就仍然算是知识。我们使用"经验"一词时就像医师一样，即用来描述早期的庞杂感知，由成千上万的具体经验组成，包括他在自己和病人身上试用各种疗法，尝试接受常识疗法，判断表面可信性，等等。这些累积起来就形成了"有经验"的医生默认的知识，而他所知道的一切几乎都没有得到充分的证实。

科学家是探险者

在某种程度上，创始者更喜欢复杂的事物，而不是简单或容易的事物；更喜欢神秘和未知的事物，而不是已知的事物。挑战他的是那些他不知道的东西。要是已经知道了谜题的答案，在他看来就毫无乐趣了。一个有答案的谜题不算是谜题。正是因为未知才使他着迷，让他有所行动。对创始者来说，这个谜"需要"被解开，它具有"需求特征"，会召唤、吸引和引诱创始者。

科学创始者的感觉就像探索未知荒野、未知河流或陌生山口的第一个探险者一样。他真的不知道要去向哪里。他没有地图，没有前辈，没有向导，没有经验丰富的助手，几乎没有任何提示或方向。他迈出的每一步都是一种假设,有可能对,也有可能错。

然而,"错误"这个词不适用于侦察员。他们探索过的死路便不再是未经涉足的死路,其他人可不必再去探索。有些东西我们已经掌握了。如果在河流的左右两个支流中面临选择,试过左支流后发现没有出路,侦察员不会觉得他的选择是个"错误"。当然,他也不会感到内疚或遗憾。如果有人据此指责他,说他在没有证据的情况下做出选择或在不确定的情况下继续前进,他会感到大惑不解。然后他可能会指出,若是按照这些人的原则,就不可能探索任何荒野,因为这样的原则对于二次探索是有用的,但对于初次探索却毫无用处。

总而言之,探险者或侦察员的原则或法则对于后来的居民未必适用,仅仅因为他们的任务不同。对某个人管用的未必适合其他人。初级阶段的知识不应该以"最终"知识的标准来判断。

实证的态度

用科学的最高境界和终极技能来定义科学存在一个问题,即对大多数人来说,科学和科学精神是难以企及的。强调专业技术、炫耀深奥的抽象概念使科学看起来比实际上更加难以理解。人们把科学看作专家的事情,只能由某些训练有素的专业人士来完成,与其他人无缘。实际上,这样的科学在把世界划分为科学家的世界和非科学家的世界之后,会对非科学家说:"这不关你的事!离远点!把问题留给我们科学家吧。相信我们!"

毫无疑问,客观科学,也是我们最古老的科学,已经达到很高的抽象水平。客观科学的技术实际上是由训练有素的专家所掌握的。(我不会把这叫作"最先进的"科学,因为这意味着所有的科学都可以按单一的标准排名，而事实并非如此）但同样真实的是，心理学、社会科学，甚至生命科学都远没有那么复杂、抽象或技术化。科学为外行提供了足够的发展空间——许多简单的问题有待提出，许多犄角旮旯都有待初次探索。在肇始阶段，科学是简单的。

但我的主要观点更为激进。如果我们以最初最简单的标准，而不是最高最复杂的标准来定义科学，那么科学就是自己观察事物，而不是相信先验观念或任何形式的权威。我主张的这种实证态度可以而且应该教给所有人，包括儿童。亲自去发现！让我们看看效果如何！这种主张正确吗？有多正确？我认为，这些都是基本的科学问题和科学方法。由此可见，到后院睁开眼睛亲自核验比从亚里士多德或科学教科书中寻找答案更具实证性，因此更加"科学"。也就是说，孩子们可以"科学地"观察蚁丘，家庭主妇也可以在地下室里试用各种肥皂来比较它们的优点。

实证的态度是一个程度问题，而不是一个全有或全无的技能，也不是只有在拿到博士学位的那一刻才能获得，之后再去实践的技能。因此，这种态度是可以慢慢培养、逐渐改善的。当我们这样表达的时候——直接接触事实，睁大眼睛——这种态度几乎成了人性的一个本质特征，也是帮助人们变得更注重实证，提高认知和知识水平的一种方法。用精神分析的话来说，这有助于他们进行"现实核验"。也就是说，实证的态度帮助人们将现实与愿望、希望或担忧区分开来，还有助于改进我所谓的"心理核验"，即对主观世界有更真实的认识。我们什么时候有了愿望、期待或担忧，以及谁的愿望等，这些都有必要了解。

总之，科学家并非另类。他们和其他人一样好奇、渴望，甚至需要理解，他们喜欢观察而不是视若无睹，喜欢可靠的而不是不靠谱的知识。专业科学家的专业能力是一般人类素质的强化版。每个正常人，甚至每个孩子，都是单纯的、有待发展的、业余的科学家。原则上，我们可以培养他们变得更有经验、更熟练、更先进。科学和科学家的人本主义观点自然意味着，这种实证的态度是可以普及化和大众化的。

这种建议主要来自科学和科学家的超人观或者先验观。审美愉悦、半宗教式的狂喜、敬畏和神秘体验是获取、欣赏和享受知识（所有层次的知识）最为丰富的源泉之一。这样的情感体验也是生活的终极享受之一。正统的去神圣化科学出于各种原因，想方设法剔除科学中的超越体验。这种做法对于维护科学的纯洁不但毫无必要，反而把人类的需要从科学中剔除出去了。这等于说，我们不需要享受科学或无法享受科学。

这些快乐的经历是必要的，不仅因为它们带人类进入并从事科学，而且还因为这些审美享受可能也是认知符号，就像信号火箭一样，标志着重要的发现（63）。存在认知（43，44，46）最有可能发生在高峰体验中。这个时候我们更能看透事物的本质。

第十四章　科学的去神圣化与再神圣化[①]

非科学家们、宗教人士、艺术家和普通人可能会对他们所认识的那种科学感到害怕甚至憎恨。他们经常认为，他们所感到的一切神奇和神圣，一切美丽、伟大、珍贵和令人敬畏的事物都面临着来自科学的威胁。有时，他们将科学视为一个污染物、阻流板、减速器，认为科学使生活变得灰暗贫瘠、机械乏味，失去色彩和欢乐，且把一种人为的确定性强加在生活之上。仔细考察普通高中生，你就会发现这正是他们的所想（54）。一想到要嫁给一位科学家，女孩们常常会不寒而栗，仿佛科学家是令人敬而远之的怪物。门外汉对科学也有些误解，比如他混淆了科学家和技术人员，他不能区分"革命性科学家"和"普通科学家"，自然科学和社会科学。有时我们能消除人们的这些误解，但他们仍有一些"情有可原"的不满情绪。据我所知，科学家自己还没探讨过"将去神圣化作为防御手段的需要"。

---

① desacralization 这一术语的意思是消除和摧毁情感或仪式。虽然约瑟夫·皮克（S.Joseph Peake）早已指出了词源上的困难，但我还是遵循了伊利亚德（Eliade）（18）的用法。"去神秘化"（desanctification）用来描述情感时更准确；而"去神圣化"（desacralization）更多地是指仪式和典礼。我将用后者来同时描述情感和仪式。

简而言之，对我来说，科学本身以及任何科学的事物可以是并且经常被用作一种工具，为一个扭曲、狭隘、无趣、无欲望、无情感、去神秘化的世界观服务。将科学去神圣化可以成为一种防御手段，让科学家避免被情感所吞噬，特别是谦卑、崇敬、神秘、惊叹和敬畏的情绪（18，48）。

我认为，三十年前我在医科学校的经历最能说明我的意思。当时我并没有意识到这一点，现在回想起来，教授们几乎是有意地努力让我们变得坚强，教我们用一种冷静、不带感情的方式去面对痛苦、疾病和死亡。我所面临的第一台手术可说是一次典型的去神圣化经历，即在面对神圣之物时消除隐秘、恐惧、退缩等情绪。一位女士的乳房将被灼热的电手术刀切除，空气中弥漫着一种肉被烧焦的味道，主刀医师漫不经心地对自己的切法冷静且随意地评价一番，随后将切除物"扑通"一声扔到手术台上，毫不理会那些痛苦地冲了出去的医科新生。就这样，女性的乳房从神圣之物变成了一块被丢弃的脂肪。当然，没有眼泪、祈祷、程序或仪式（18），而这些在大多史前社会是必不可少的。整个过程采用一种纯技术的方式来进行处理——不带感情，冷静，甚至有点招摇。

当有人向我介绍或者不用介绍我将要解剖的那位死者时，气氛几乎一模一样。他是个伐木工，死于一次斗殴，我得自己查他的名字。我必须学其他人的样子，毫不留情地将其视为"尸体"，而非一个失去生命的人。我也得这样对待那几条漂亮的狗，等我们完成展示、做完实验后，我必须杀掉它们。

医科新生试图管理并控制他们内心深处的感情，压抑他们的恐惧、热情、细腻的感受，以及面对死亡时的敬畏和为病人流下的同情之泪。因为他们都还年轻，所以采用了年轻人的做派，比如坐在尸体旁吃着三明治拍照，在餐桌上从公文包中满不在乎地拿出一只人手，对身体的绝对隐私开标准的医学玩笑等。

这种消除恐惧的坚强、随意、无情与亵渎（站在神圣的对立面）毫无疑问被认为是必须的，因为细腻的感情可能会影响医生的客观和无畏。（我自己经常会想这种去神圣化是否真的必要。人如果更具敬畏之心，而不像标准的工程师，是有利于医学训练的，或者至少不要排除那些"性格温柔"的人。①"情感一定是真理和客观性之敌"这一假设现在值得进一步商榷。情感有时是敌人，有时则不是）

在其他很多情况下，去神圣化可以更明显地被视为一种防御。我们都认识这样一些人，他们无法忍受亲密、诚实、不设心防，他们对亲密的友谊感到不安，既不爱别人也不被人爱。他们一般的解决办法是远离这些恼人的美好和亲密，或者与其保持一定距离，或者最终掏空这种情感，消除那些令人不安的品质，改变其性质。例如，天真也可以说是愚蠢，诚实被看成容易上当受骗，正直变成了缺乏常识，慷慨被贴上傻瓜的标签。因为前者令人不安，而后者不仅不会令人不安，而且容易对付。（请记住，我们没有办法"对付"伟大的美、耀眼的真理，或是任何最终的存在价值观，我们能做的只是琢磨、开心、消遣、艳羡等）

我正在进行一项我称为"反价值"的研究，即研究对真、善、美、完美、秩序、活力、独特性及其他存在价值的畏惧或憎恨。我发现，总而言之，这些至高的价值观往往更容易让人意识到，自己身上有哪些地方和它们是对立的。许多年轻人都觉得，和一个

---

① 这种严格的训练对于外科医生来说可能是必要的。这一观点尚存在争议。但对心理医生来说呢？对一个通过关心与爱来了解人际关系的人来说呢？显然，这是一种反心理学的训练！

不太漂亮的女孩相处更自在。漂亮的女孩容易让他自惭形秽、腼腆、笨拙、自卑，仿佛站在他面前的是某位皇族或天神。去神圣化可以成为一种防御手段，保护我们摇摇欲坠、亟须保护的自尊心。

有些男人觉得只有先贬损了漂亮女人，或至少使她不再神圣，自己才有能力跟她性交，这一点临床医师已经见怪不怪。在性行为中，若是男人把自己的所做只是当作是一种猥亵的插入动作，就很难对一位女神或圣母或女祭司做出这等事。因此，他必须使自己成为主人，将她从高高在上的神界拽至凡间，这个过程可能要通过某种无故施虐来实现，或是提醒自己：她们也要拉屎、撒尿、出汗等。这样一来，他就没有必要再捧着她，也不再为她感到惊艳，不再为柔情、崇拜、亵渎感或自卑感所束缚，也不再像一个受到惊吓的小男孩一般，觉得自己笨，配不上她。

女性对男性的象征性阉割这一现象也同样常见，但动力心理学家对其研究较少。当然，我们知道，至少在我们的社会中，这一现象是广泛存在的。但通常人们要么是单纯从社会学角度进行解释，要么是单纯从弗洛伊德学说角度进行解释。我认为，"阉割"很有可能是对男性的一种去神圣化和去神秘化。苏格拉底之妻——泼妇桑提婆（Xanthippe）对苏格拉底的极度尊重和敬畏使她不堪重负，她也想方设法让自己不因苏格拉底完全失去了自我。

这样看来，我们常常认为的"解释"，与其说是努力去理解以及交流并深化理解，不如说是努力去消除敬畏、惊叹和好奇。小孩看到彩虹激动不已，而大人却可能以略带不屑的口吻道出背后的原理："哦，那不过是水珠把白色光分成了彩色，就像棱镜的分光作用一样。"这样以胜人一筹的态度去嘲笑孩童的幼稚，可能会低估了这种体验，还可能扼杀这种体验，结果是这种体验不太可能发生，也不太可能得到公开表达或认真对待。解释会使生活失去敬畏感和新奇感。我曾发现这同样适用于高峰体验，这一体验很容易且常常被"反复解释"，但并没有真正解释清楚。我一个朋友在手术后的休息时刻沉思冥想，突然之间得到了经典的重大启示，深刻玄奥而又直击心灵。他意外得到的启示让我印象深刻，过后我想到，这种体验可能具有极佳的研究前景。我询问医生是否其他病人术后也有这种顿悟，他漫不经心地说："噢，有啊，哌替啶，你知道的。"

当然，这种"解释"无法说明体验本身，就好比引爆器无法解释爆炸的原理一样，而这些毫无意义的解释本身也需要人们去理解和解释。

简化的尝试和那种不过尔尔的态度如出一辙。例如："人实际上不过是价值24美元的化学制品"，"接吻就是把两个胃肠道的上端对接在一起"，"人如其食"，"爱就是高估心上人与其他女孩之间的差异"。我有意选录这些青春期男孩的例子，因为我相信在这些例子中，神圣化作为防御手段已经被运用到登峰造极的地步了。这些男孩想要变得坚强、酷或是成熟，他们通常需要战胜自己的敬畏、谦卑、爱、温柔、同情、奇迹感和惊奇感。他们通过把他人由高处拉低到自己的水平，以此获得安全感。这些"理想主义"的年轻人和"正常的"成年人一样，不遗余力地抵抗自己膜拜的冲动，为此不惜贬低神圣、亵渎一切。

一般原子论的分解方法同样可用来达到这一目的。例如，人们如果遇上一朵美丽的鲜花、一只美丽的昆虫或是一首美丽的诗，会感到惊奇、自惭，认识到自己的无知，而只要将其分解开来，便会重获高高在上的驾驭感。总之，归类、分类、范畴化、标签化也都如此。同样，这些方法也可以让令人惊奇的事物变得平凡、世俗、日常、易于掌控。任何形式的抽象，只要避免了综合的整体性，都可以达到这一目的。

所以必须提出这样的问题：从根本性质上来说，科学和知识是否必须去神圣化？能否将神秘的、令人敬畏的、存在性幽默的（44）、令人震撼的、美丽神圣的事物纳入现实王国中去？如果我们承认这些事物的存在，那么又如何去认识它们呢？

外行人往往觉得，科学家有必要将生活去神圣化，这种看法往往是错误的。他们误解了最优秀的科学家对待科研的态度。人们太容易忽视这种态度的"统一的"一面（同时感知神圣与世俗），主要是因为多数科学家羞于表现出这一点。

事实是，真正优秀的科学家往往满怀热爱、奉献和克己精神从事研究，就好像他即将踏入某一神圣的殿堂。他的忘我精神确实可以称为自我的超越。他所秉持的诚实和全部真理的绝对道德，确实可以称为一种"宗教"的态度。面对自己所研究的伟大神秘事物，他有时会有刺激感或高峰体验，有时由于谦卑和自觉渺小而战战兢兢——这些都可以称为"神圣"（18, 48）。这种情况并非经常发生，但确实会发生，而且多是在外行人难以察觉的情况下。

要探索一些科学家内在的态度并不难，只要你设想它们是真实存在的，并愿意严肃对待它们。如果科学能够抛却这些不必要的"温柔禁忌"，人们对其的误解也会减少，科学领域也不再那么需要去神圣化和一味地亵渎。

我们也可以从自我实现、高度健康的人身上学到许多东西。他们的高度更高，视野更宽。他们能够以一种更加包容和整体化的方式去看待问题。他们告诉我们，谨慎与勇敢、行动与思考、活力与思索、坚毅与温和、严肃与（神圣的）幽默之间并无真正的对立。这些都是人的品质，在科学中均有用武之地。没有必要否认这些人的超越体验的真实性，也没有必要将这种体验视为不科学或反智的。也就是说，这些人认为没必要否认自己更深层次的情感。我的意见是，如果非要说的话，他们更倾向于享受这种体验。

幽默的科学家

对正式科学和科学家的另一种批评，是因为他们太迷信自己的抽象系统，并且对其过于自信。这样一来，他们可能会失去幽默感、怀疑精神、谦逊态度，意识不到更深层次的无知，而这种意识本可以防止他们变得狂妄自大。这种批评尤其适用于心理学和社会科学。毫无疑问，物理科学家大可以感到自豪，因为他们成就卓越，并掌握了物体和无生命的自然。但是心理学家有什么值得骄傲的呢？他们对于人类关注的问题到底知道多少呢？正统科学在所有人类和社会领域都是失败的。[①]（我不讨论所谓原子弹的"成功"问题——因为原子弹后来落到了某些人和团体手中，他们在心理上和社会上都处于原始状态。科学的右臂发育健壮，而左臂却远不及它，这难道还不危险吗？）

如果我没弄错的话，科学家只要不迷信"方法论"，他们当然是智慧和高尚的，甚至是真正"科学"的，即只要他们能做到不傲慢霸道、自鸣得意。能帮助他们的是以下品质：谦逊的态度，自嘲的精神，对矛盾的认可，始终认识到任何事实具有多种理论的可能性，敏锐察觉科学本身的语言和抽象概念固有的局限性，承认经验、事实和所有理论描述的首要地位，在理论的稀薄空气中

---

① 诚然，我们有很多关于个人和社会的有用知识，但我仍然认为，这些知识大多是非正统的，即它们源于人文科学，而不是机械科学。

待得稍微久一点便担心无法回归事实的大地。最后,我想补充一点,一个人对自己的科学工作的(由无意识和前意识决定的)经验知识最有利于培养谦逊的品质。

大多数专断的人都有一种倾向,那就是不愿等待,也不愿意搁置判断。这种性格倾向对我们有一定的启发意义。当普遍的临床印象,也就是实验数据仍然模棱两可时,他们就已经等不了了。等待会让他们变得紧张和焦虑。他们倾向于过早地得出结论,不管结论如何,只要别让他们停留在这种对他们来说像是情感炼狱的状态。不仅如此,一旦他们下定决心要得出一个结论,他们往往会抱着这个结论不放,即使这个结论与事实是矛盾的。

更睿智超脱、更有情趣的思考者都会意识到,科学理论存在的时间远比他们所预期的更短暂,因此他们可能会认为,完全"忠于"牛顿定律和完全"忠于"霍亨索伦王朝一样愚蠢。

这种更具尝试性的态度可以建立在更加坚实的经验基础之上。如果一个人不断接近具体事实,就很难否认事实的多样性、矛盾性和模糊性。人们开始意识到,我们对这个事实世界的认识是相对的,跟特定的时代背景、文化、阶级,以及观察者的个人性格有关。我们很容易就因为过度自信而犯错。①

人们在意识到这些对立的力量时仍然能迎难而上,这本身就是勇气甚至高尚的象征。科学家发誓献身于那些值得人类付出最

---

① "所有的科学都只是一种权宜之计,一种达到永远达不到的目的的手段……任何描述都只有等到我们全部了解了之后才能进行,但到那时科学本身就会被弃置一旁。不过,我们不加考虑地表达自然物体引发的快感,这本身就是完整的、终极性的,因为所有的自然都与人有关,而谁知道这样无意识的肯定会有多接近绝对真相呢?……如果我们要求理解我们所看到的东西,那么我们看到的就很少了。一个人用他的理解力做标尺,就量不了多少东西了。"〔梭罗(Thoreau)〕

高努力的永恒问题，他们应该为此感到幸运，并对自己的生活感到满足。

要做到实证，就要努力推进知识，推崇知识，同时正视人类目前所掌握的知识的贫乏和不可靠。还有一种可能的做法，那就是保持超脱的态度，像神一样，抱着怀疑精神探索和关爱世界，时刻保持怀疑、宽容和好奇。（得体地）一笑了之是处理一个无法解决的问题的好办法，同时也能保持力量继续努力。如果你既谦虚，又自负、傲慢、强大（足以完成重任），那么幽默感就是一个绝佳的解决方法。通过幽默的方式，我们可以同时认识到我们对火箭和抗生素的了解，以及我们对战争与和平、偏见或贪婪的无知。

对混乱的世界的这些思考不一而足，它们提供了一种适度的享受，使我们愿意继续尝试，以进一步解开疑惑而不致丧失信心。一个人可以爱科学，尽管它并不完美，正如一个人可以爱他的妻子，即使她并不完美。而且幸运的是，它们有时会在一瞬间变得完美，让我们惊诧不已，仿佛意外得到了一份当之有愧的回报。

这种态度有助于超越其他一些问题。其中最重要的问题之一是将科学默认为完备的知识。例如，我曾听到心理学家遭到物理学家嘲笑，因为他们所知不多，而且他们知道的东西没有达到高度的抽象和数学化。心理学家会问："你把那叫作科学吗？"这话意味着，科学是了解而不是质疑。因此，后方的士兵嘲笑前线战士的肮脏，而财富的继承者则嘲笑汗流浃背的谋生者。心理学家知道，科学中有两种价值系统（而不是一种）。一种是条分缕析的知识，另一种是选择所研究的问题的重要性。正是那些选择了关键的、未解决的人类问题的人才肩负起了人类命运的重任。

纯粹的奇迹，科学和复杂化的奇迹

大多数关于科学的定义，尤其是那些非科学家所给出的定义，从根本上来说是不准确的。科学常常被描述成具有功能自主性，这在外界看来是难以理解的。比如，如果将它称为"不断增长的信息库"或"从操作层面定义的概念系统"，外行人可能会想，为什么人们要设定这样乏味的目标。将科学研究的最终成果或科学描述为一种社会制度，或者只谈论科学而不提科学家，往往会忽略科学家生活中所有的乐趣、激情、兴奋、胜利、失望、情感和意向，更不用说那些美学的、宗教的，或者哲学的震撼。一个恰当的类比是阅读国际象棋的规则、历史，研究单项比赛等。这些可能根本无法回答"为什么人们要下棋"这一问题，如果你对他们的情绪、动机和满足感一无所知，那么你永远无法理解他们，就像赌徒不理解非赌徒一样。

我相信，对于非科学家来说，通过了解科学家的目标和满足感，就有可能对科学家的生活有所体会，因为在一定程度上，这些心理上真实的满足感是人们共有的。

在对高峰体验的调查中，我了解到，这些体验本身高度相似，比触发高峰体验的具体诱因更加相似。例如，我发现女性描述她们最幸福的时刻时跟男性十分相似，虽然引起幸福感的具体诱因往往让男性不为所动，但我仍然觉得与她们更近了。在科学家个人的内心生活中，这些高峰体验很像诗人因诗歌而产生的体验。就我而言，我从自己和他人的研究中比从诗歌中获得了更多的"诗意"体验。我从阅读科学期刊中获得的"宗教"体验比从阅读"圣书"中获得的要多。创造美好事物的刺激感来自我的实验、探索以及理论研究，而不是绘画、作曲或跳舞。科学使你跟你所钟爱之物相结合，它使你着迷，使你愿意终生探索它的奥秘。

但继续这样类比下去，你可能要花一辈子的时间去进一步了解你的研究对象，也许在 50 年之后，它的神秘感愈发让你眼花缭乱，却乐此不疲、孜孜以求。当然，这时的研究对象已经是一种更丰富、更高层次的神秘和奇迹，不同于一无所知的空白和神秘。这两个过程似乎是并行不悖的，即了解得越多，越能感受其奥秘。有过这等经历的至少是我们的典范、圣贤和最优秀的科学家，他们始终是全面的人而不是治疗偏瘫的专家。诗人能理解这些科学家，这些科学家反过来也把诗人视为同道。正如达雷尔（L.Durrell）所说，科学可以是"智慧的诗歌"。对优秀科学家内心隐秘生活的探索可以成为一种普世运动的基础，把科学家、艺术家、"宗教"人士、人道主义者和所有其他严肃认真的人集结起来。

许多人仍然认为，科学研究或深入的了解是与神秘感背道而驰的。[1]但这未必尽然。研究神秘并不一定会亵渎神秘。事实上，研究是最好的方式，能够表达更高的敬意，有更深入的理解，在更丰富、更高的层次上实现神圣化。要知道，最聪明的人总是最简单，最谦卑，最有情趣的。

对树木多一些了解，知道它们如何生长，只会使它们看来更美。

---

[1] 当我听到那位学识渊博的天文学家，
当那些证明和数据一列列呈现在我眼前，
当要我去加、减，测眼前的表格和图解，
当我听那位天文学家
在报告厅的一片掌声中开讲，
我很快就莫名其妙地厌倦了，
我站起来悄悄地溜了出去，
在神秘而潮湿的夜风中，不时地，
一言不发地仰望星空。

——沃尔特·惠特曼

懂得一点植物学知识后，我所欣赏的这棵树更像是个奇迹。我对它的功能了解得越详细，这些知识便会使这棵树变得越加神奇和美丽。举例来说，很久以前，在一堂组织学课上，我获得了人生中最深刻的审美体验之一。当时，我一直在研究肾脏的生理学、化学和物理学知识。了解得越多，它的错综复杂和神奇精妙，以及完美的功能构造就越发让我惊叹不已、难以置信。它的构造与功能如雕塑般完美契合，远超格里诺（Greenoagh）[①]曾经的想象。而比较胚胎学家所了解的肾脏的进化，对我来说更是又一个不可思议、超乎想象的奇迹。正是在这里，经过了解、学习和研究之后，我在显微镜下看到了一张完美的染色幻灯片，并对美有了如此深刻的一次体验，以至于35年后我还记得它。

  非科学家并不了解这些，科学家也羞于公开谈论，直到他们年龄渐长，不再那么谨小慎微。科学的最高境界是梳理、系统探索和享受奇迹、敬畏和神秘。科学家所能得到的最大回馈就是这种高峰体验和存在认知（B-cognition）。但我们同样可以称这些体验为宗教体验、诗歌体验或哲学体验。科学可以是不信教者的宗教，是非诗人的诗歌，可以是非绘画者的画作，是严肃者的幽默，也可以是羞怯内敛者的性爱。科学不仅始于奇迹，也终于奇迹。

---

  ① 《形式与功能：艺术评论》，加州大学出版社，1947年。

参考文献

[1] ALLPORT, G. W. "The General and the Unique in Psychological Science", *Journal of Personality*, XXX（1962）, 405—422.

[2] ALLPORT, G. W., Ed. *Letters From Jenny*. New York: Harcourt, Brace & World, 1965.

[3] Anonymous. *Journal of Humanistic Psychology*, I（1961）, 101—102.

[4] ASCH, S. "Studies of Independence and Conformity, Part I", *Psychological Monographs*, LXX（1956）.（Whole No.416.）

[5] BAKAN, D. "The Mystery-Mastery Complex in Contemporary Psychology", *American Psychologist*, XX（1965）, 186—191.

[6] BERTALANFFY, L. V. *Modern Theories of Development*. New York: Oxford Univ. Press, 1933.

[7] BERTALANFFY, L. V. *Problems of Life*. New York: Wiley, 1952.

[8] BRIDGMAN, P. W. *The Way Things Are*. Cambridge, Mass.: Harvard Univ. Press, 1959.

[9] BRONOWSKI, J. *The Common Sense of Science*. London: Heinemann, 1951.

[10]　BRONOWSKI, J. *Science and Human Values*. New York: Harper &Row, 1956.

[11]　BRONOWSKI, J. "The Values of Science", in *New Knowledge in Human Values*. ed. A. H. Maslow, New York: Harper & Row, 1959.

[12]　BUBER, M. *I and Thou*. New York: Scribner, 1958.

[13]　CRAIG, R., Characteristics of creativeness and self-actualization. To be published.

[14]　CRUTCHFIELD, R. "Conformity and Character", *American Psychologist*. X(1955), 191—198.

[15]　DALTON, M. "Preconceptions and Methods in Men who Manage", in *Sociologists At Work*. ed. P. Hammond. New York: Basic Books, 1964.

[16]　DUBOS, R. *The Dreams—of Reason*. New York: Columbia Univ. Press, 1961.

[17]　EDDINGTON, A. *The Philosophy of Physical Science*. Ann Arbor: Univ. of Michigan Press., 1939.

[18]　ELIADE, M. *The Sacred and The Profane*. New York: Harper & Row, 1961.

[19]　FARRINGTON, B. *Greek Science*. London: Penguin Books, 1949.

[20]　FRIEDENBERG, E. Z. "Why Students Leave Science", *Commentary*. XXXII(1961), 144—155.

[21]　GENDLIN, E. *Experiencing and the Creation of Meaning*. New York: Free Press, 1962.

[22]　GOLDSTEIN, K. *The Organism*. New York: American Book Co., 1939.

[23] HENLE, M., Ed. *Documents of Gestalt Psychology.* Berkeley: Univ. of California Press, 1961.

[24] HOOK, S., Ed. *Psychoanalysis, Scientific Method & Philosophy.* New York: New York Univ. Press, 1959.

[25] HUXLEY, A. *Literature and Science.* New York: Harper & Row, 1963.

[26] KRUTCH, J. W. *Human Nature and the Human Condition.* New York: Random House, 1959.

[27] KUBIE, L. S. "The Forgotten Man of Education", *Harvard Alumni Bulletin,* LVI: 8 (1953—1954) , 349—353.

[28] KUBIE, L. "Some Unsolved Problems of the Scientific Career", *American Scientist,* XLI (1953) , 596—613; XLII (1954) , 104—112.

[29] KUENZLI, A., Ed. *The Phenomenological Problem.* New York: Harper & Row, 1959.

[30] KUHN, T. S. *The Structure of Scientific Revolutions.* Chicago: Univ. of Chicago Press, 1962.

[31] LEWIN, K. *A Dynamic Theory of Personality.* New York: McGraw-Hill, 1935.

[32] MCCURDY, H. G. *Personality & Science.* New York: Van Nostrand, 1965.

[33] MASLOW, A. H. "The Influence of Familiarization on Preferences", *Journal of Experimental Psychology.* XXI (1937), 162—180.

[34] MASLOW, A. H., with Bela Mittelmann. *Principles of Abnormal Psychology: The Dynamics of Psychic Illness.* New York:

Harper & Bros., 1941.

[35] MASLOW, A. H. "The Authoritarian Character Structure", *Journal of Social Psychology*, XVIII (1943) , 401—411.

[36] MASLOW, A. H. "A Suggested Improvement in Semantic Usage", *Psychological Review*, LII (1945) , 239—240.

[37] MASLOW, A. H. "Experimentalizing the Clinical Method", *Journal of Clinical Psychology*, I (1945) , 241—243.

[38] MASLOW, A. H. *Motivation and Personality*. New York: Harper & Bros., 1954.

[39] MASLOW, A. H. "Two Kinds of Cognition and Their Integration", *General Semantics Bulletin*, Nos. 20 & 21 (1957) , 17—22.

[40] MASLOW, A. H., Ed. *New Knowledge in Human Values*. New York: Harper & Bros., 1959.

[41] MASLOW, A. H., with H. Rand & S. Newman. "Some Parallels between the Dominance and Sexual Behavior of Monkeys and the Fantasies of Patients in Psychotherapy", *Journal of Nervous & Mental Disease*, CXXXI (1960) , 202—212.

[42] MASLOW, A. H. "Comments on Skinner's Attitude to Science", *Daedalus*, XC (1961) , 572—573.

[43] MASLOW, A. H. *Toward a Psychology of Being*. New York: Van Nostrand, 1962.

[44] MASLOW, A. H. "Notes on Being-Psychology", *Journal Humanistic Psychology*, II (1962) , 47—71.

[45] MASLOW, A. H. "The Creative Attitude", The Structurist, III (1963), 4—10. Repr. *separately by Psychosynthesis Foundation* (1963).

[46] MASLOW, A. H. "Fusions of Facts and Values", *American*

Journal of Psychoanalysis. XXIII (1963) , 117—131.

[47]　MASLOW, A. H. "Notes on Innocent Cognition" , in *Gegenwartsprobleme der Entwicklungspsychologie: Festschrift fur Charlotte Buhler*, ed. L. Schenk-Danzinger & H. Thomae. Göttingen: Verlag für Psychologie, 1963.

[48]　MASLOW, A. H. Religions. *Values and Peak-experiences.* Columbus, Ohio: Ohio State Univ. Press, 1964.

[49]　MASLOW, A. H., with L. Gross. "Synergy in Society and in the Individual", *Journal of Individual Psychology.* XX (1964) , 153—164.

[50]　MASLOW, A. H. "Criteria for Judging Needs to be Instinctoid" , in *Human Motivation: A Symposium*, ed. M. R. Jones. Lincoln, Nebraska: Univ. of Nebraska Press, 1965.

[51]　MASLOW, A. H. *Eupsychian Management*: *A Journal.* Home-wood, Illinois: Irwin-Dorsey, 1965.

[52]　MASLOW, A. H. "Isomorphic Interrelationships Between Knower and Known" , in *Sign. Image. Symbol.* ed. G. Kepes. New York: Braziller, 1966.

[53]　MATSON, F. *The Broken Image.* New York: Braziller, 1964.

[54]　MEAD, M., and R. Metraux. "Image of the Scientist among High School Students", *Science*, CXXVI (1957) , 384—390.

[55]　MORANT, R., and A. H. Maslow. "Art Judgment and the Judgment of Others". *Journal of Clinical Psychology.* XXI (1965) , 389—391.

[56]　NAMECHE, G. "Two Pictures of Man" , *Journal of Humanistic Psychology*, I (1961) , 70—88.

[57]　NAMECHE, G., and Morant, R. B. "Esthetic Judgment and

Person Perception". Unpubl. MS.

[58] NORTHROP, F. C. S. *The Meeting of East and West.* New York: Macmillan, 1946.

[59] NORTHROP, F. C. S. *The Logic of the Sciences and the Humanities.* New York: Macmillan, 1947.

[60] POLANYI, M. *Personal Knowledge.* Chicago: Univ. of Chicago Press, 1958.

[61] POLANYI, M. *The Study of Man.* Chicago: Univ. of Chicago Press, 1959.

[62] POLANYI, M. *Science, Faith and Society.* Chicago: Univ. of Chicago Press, 1964.

[63] PRABHU, P. H. "The State of Psychology as a Science Today", *Indian Psychological Review*, I (1964) , 1—11.

[64] ROE, A. *The Making of a Scientist.* New York: Dodd, Mead, 1952.

[65] ROGERS, C. "Toward a Science of the Person" , *Journal of Humanistic Psychology*, II (1963) , 72—92.

[66] ROGERS, C. "Some Thoughts Regarding the Current Philosophy of the Behavioral Sciences" . Unpubl. MS.

[67] SARGENT, H. "Intrapsychic Change: Methodological Problems in Psychotherapy Research" , *Psychiatry*, XXIV (1961) , 93—108.

[68] SIU, R. G. H. *The Tao of Science.* New York: Wiley, 1957.

[69] SOROKIN, P. *Fads & Foibles in Modern Sociology and Related Sciences.* Chicago: Regnery, 1956.

[70] STANDEN, A. *Science Is a Sacred Cow.* New York: Dutton, 1950.

[71] TOLMAN, E. C. *Purposive Behavior in Animals and Men.*

New York: Century, 1932.

[72] TORRANCE, E. P. *Guiding Creative Talent*. Englewood Cliffs,N.J.: Prentice-Hall, 1962.

[73] VAN KAAM, A. "Phenomenal Analysis: Exemplified by a Study of the Experience of 'really feeling understood,' " *Journal of Individual Psychology*, XV (1959) , 66—72.

[74] WANN, T. W., Ed, *Behaviorism and Phenomenology*. Chicago: University of Chicago Press, 1964. (Contributors: S. Koch, R. B. MacLeod, N. Malcolm, C. R. Rogers, M. Scriven, B. F. Skinner)

[75] WATSON, D. L. *Scientists Are Human*. London: Watts and Co., 1938.

[76] WATSON, D. L. *The Study of Human Nature*. Antioch, Ohio: Antioch Press, 1953.

[77] WEISSKOPF, E. "Some Comments Concerning the Role of Education in the 'creation of creation,' " *Journal of Educational Psychology*, XLII (1951) , 185—189.

[78] WHITEHEAD, A. N. *Science and the Modern World*. New York: Macmillan, 1948.

[79] WIENPAHL, P. *The Matter of Zen*. New York: New York Univ. Press, 1964.

[80] WILSON, C. *Beyond the Outsider*. London: Arthur Barker, Ltd., 1964.

[81] WINTHROP, H. "Scientism in Psychology", *Journal of Individual Psychology*. XV (1959) , 112—120.

[82] WOLFF, K. "Surrender as a Response to Our Crisis" , *Journal of Humanistic Psychology*. II (1962) , 16—30.

致　谢

在此，我想先请读者参考一下我上一本书的前言部分，里面列举了很多有助于我学术思考的文献。除这些致谢以外，我还想补充以下几点。

我的搭档兼挚友哈里·兰德（Harry Rand）博士，是一名心理学家，我们曾一起开展过一项特殊的实验。多年来，我们一直探讨有关理智与科学生活、教与学以及病理学的心理动力学问题。我们不止一次谈到了本书涉及的许多主题，我必须承认，这些讨论对我影响至深，超出了我的想象。一年前在撰写初稿时，我同时陷入了长期的失眠以及写作障碍，这都是我此前从未经历过的。尽管长期以来，友谊一直被视作心理分析工作的干扰因素，但我们还是决定放手一试。好在进行了大约三十个小时的"理性心理分析"或者别的什么名堂以后，我们取得了可喜的成果，我很乐意在此做一汇报。我们建议其他研究者也可以开展这项有趣的实验以积累经验，或许将来有一天，这些经验会上升为更加"常规"和普遍的研究。在此，我对兰德博士的帮助深表谢意。

在我称之为科学心理学（经常与哲学科学有所交叉）的这一领域内，我必须提到本书所列的全部参考文献，因为它们在学术上都对我有所启迪，我都应该一一致谢。当然，这些还远远不够。

在这些成果中，我应该特别感谢波拉尼的那本著作。除此以外，还有很多著作我都应当致以特别的谢意。

几年前，我偶然读到戴维·林赛·沃森（David Lindsay Watson）写的一本书，此书破旧立新，一反常规，使我过目难忘。但和许多先辈一样，他一直都没有得到应有的赏识和尊敬，甚至一度被人忽视。我想对我这本书感兴趣的人，也一样会对沃森的书感兴趣。因此，我在此强烈推荐沃森的这本书。

我从安妮·罗（Anne Roe）的开创性研究和最近的后续研究中获益匪浅。但很遗憾，我无法专章讨论她的工作及后续研究。

雅各布·布罗诺夫斯基（Jacob Bronowski）的著作尤其具有原创性和影响力。弗兰克·曼纽尔（Frank Manuel）对牛顿（Newton）的研究以及我们对此展开的诸多探讨使我受益良多。这些讨论直接影响了我最后一章的某些部分，尤其是关于善意怀疑的那一部分。诺思罗普（Northrop）的《东西交汇》以及库恩（T. S. Kuhn）的专著《科学革命的结构》对我的思想发展意义重大。与奥尔德斯·赫胥黎（Aldous Huxley）的交谈及他的著作也让我受益不浅。

我原本频繁参考并引用了《末那》（Manas）杂志的一些内容，但最终还是删除了这些引用部分，在此一并致谢，以表达我对这本出色的人文杂志的由衷感谢。

最后，我要感谢艾丽斯·达菲（Alice Duffy）女士，她非常专业地完成了书稿的两次打字任务。

亚伯拉罕·H. 马斯洛

布兰迪斯大学

马萨诸塞州沃尔瑟姆镇，1966 年 2 月

图书在版编目（CIP）数据

科学心理学 /（美）亚伯拉罕·H. 马斯洛（Abraham H. Maslow）著；赵巍译 . —西安 : 世界图书出版西安有限公司，2022.11

（马斯洛心理学经典译丛）

书名原文：The Psychology of Science

ISBN 978-7-5192-7435-1

I. ①科… II. ①亚… ②赵… III. ①心理学—通俗读物 IV. ① B84-49

中国版本图书馆 CIP 数据核字（2022）第 196056 号

科学心理学
KEXUE XINLIXUE

作　　者	〔美〕亚伯拉罕·H. 马斯洛
译　　者	赵　巍
责任编辑	雷　丹
书籍设计	鹏飞艺术
出版发行	世界图书出版西安有限公司
地　　址	西安市锦业路都市之门 C 座
邮　　编	710065
电　　话	029-87233647（市场部）　029-87234767（总编室）
网　　址	http://www.wpcxa.com
邮　　箱	xast@wpcxa.com
经　　销	新华书店
印　　刷	天津丰富彩艺印刷有限公司
开　　本	960mm×640mm　1/16
印　　张	9.5
字　　数	84 千字
版　　次	2022 年 11 月第 1 版
印　　次	2022 年 11 月第 1 次印刷
国际书号	ISBN 978-7-5192-7435-1
定　　价	42.80 元

版权所有　翻印必究
（如有印装错误，请与出版社联系）